COMENTARIOS ELOGIOSOS SOBRE PRESENTACIONES MEMORABLES

Con independencia de tu nivel actual, *Presentaciones memorables* te ayudará a acceder a un nivel superior a la hora de exponer ante tu público las experiencias con las que siempre has soñado.

Dave Kerpen, autor de *The Art of People*, superventas del *New York Times* y orador internacional

En el mundo de los negocios de hoy en día, donde se apuesta tan fuerte, no es raro jugárselo todo a una presentación. Tanto si estás preparando un pitch para recaudar millones como si sencillamente quieres hacer una presentación imbatible, *Presentaciones memorables* te ofrece consejos inteligentes y prácticos que ayudarán a cualquier presentador o presentadora a subir el nivel de sus presentaciones.

Brittany Hodak, cofundadora de ZinePak y ganadora del concurso televisivo para emprendedores *Shark Tank*

Presentaciones memorables ayudará a emprendedores y gente con grandes ideas a contar sus historias de manera más visual y atractiva que nunca. Sin lugar a dudas, este libro es recomendable para presentadores que estén buscando recursos, herramientas e ideas sobre cómo producir el máximo impacto posible en el público.

Scott Gerber, fundador de YEC y autor de *Never Get a «Real» Job*

Como emprendedor, a menudo tengo que animar a empleados, asesores, inversores y clientes a respaldar y compartir mi visión. He aprendido que hablar ante varios cientos de personas requiere algo más que confianza en uno mismo. Un orador necesita un plan para desarrollar su mensaje, compartirlo de forma que cautive, y utilizar herramientas que le permitan hacer una presentación con elementos visuales atractivos sobre los que apoyar sus argumentos. En *Presentaciones memorables*, Kenny, Gus, Rob y Luke te acompañan a lo largo del proceso completo de planificación, creación y exposición de presentaciones que inspirarán a cualquier tipo de público.

David Hassell, consejero delegado de 15Five

Este libro ayudará a cualquier presentador a imaginar de nuevo cómo deberían ser las presentaciones en este mundo tan aquejado de «muerte por PowerPoint» en el que vivimos.

Javier Farfan, vicepresidente de marketing cultural y por segmentos de Verizon

Los buenos presentadores no aparecen como por arte de magia sino que se forjan a base de grandes dosis de empatía, consideración por el público y mucho trabajo. Este libro capta perfectamente lo que distingue a las típicas presentaciones de siempre de las verdaderamente excepcionales.

Sean Blanda, director y redactor jefe de *99u*

Presentaciones memorables es una guía personalizada de estilos de presentación para cualquier tipo de orador. Ofrece consejos sencillos y prácticos, y trucos con los que mejorar la experiencia de la presentación.

Stephen Burns, líder a nivel global del segmento aeroespacial de Kimberly-Clark Corporation

Sin lugar a dudas este es uno de los libros más útiles y prácticos que hay en el mercado sobre el tema de hablar en público. Sus consejos son genuinos y pueden ayudar a novatos y veteranos por igual a mejorar sus capacidades hasta dominar el escenario cómodamente.

Sarah Bedrick, líder del programa de certificaciones de HubSpot

En estas páginas aprenderás cómo pasar de presentador a verdadero narrador de historias.

Andrés Traslavina, director mundial de contratación de Whole Foods Market

Todo el mundo debería leer este libro antes de la presentación de su próximo gran pitch.

Tim Williamson, consejero delegado de Idea Village

Da rienda suelta al orador TED que llevas dentro.

Josh Koppel, fundador de Scrollmotion

Como sus autores, *Presentaciones memorables* es un libro atrevido, de pensamiento avanzado, inspirador y sencillamente fascinante. Si alguna vez has hecho una presentación aburrida (¿y quién no?), este libro te enseñará que hay una forma mejor de hacerlo, te proporcionará las herramientas y la inspiración que necesitas para pasar de dormir hasta a las piedras a entusiasmar hasta a las piedras. Léetelo: se lo debes a tu público y a ti mismo.

Amy Stevens, vicepresidenta del área de marketing y comunicación de Tidelands Health

Presentaciones memorables presenta una hoja de ruta lógica y eficaz para desarrollar una mejor narración de historias en las presentaciones empresariales.

Scott Collignon, director principal de operaciones de cadena de suministro de Cabela

¡Un verdadero curso básico completo sobre cómo hacer presentaciones! En estas páginas aprenderás cómo ofrecer a tu público una experiencia memorable.

Frank Marino, vicepresidente
de marketing de Atmos Energy

Dada la naturaleza competitiva que caracteriza el negocio de la publicidad en la actualidad, es fundamental que las presentaciones de nuestro equipo comercial destaquen en comparación con las de los equipos de ventas de la competencia. Big Fish Presentations ofrece consejos prácticos de gran perspicacia para diseñar presentaciones eficaces e impactantes. Una obra de lectura obligatoria para equipos de diseño o para cualquiera que quiera crear presentaciones que destaquen.

Mendi Robinson, directora creativa
de Lamar Advertising Company

Presentaciones memorables explora en profundidad todos los aspectos esenciales de cualquier presentación que ofrezca una gran experiencia, y lo mejor de todo es que lo hace de una manera accesible y con numerosos ejemplos de la vida real.

Chanda D. Leary-Coutu, directora principal
de comunicación de marketing de Wellpet

Me hubiera encantado leer este libro antes de empezar mi carrera profesional de oradora: es completo y divertido y está lleno de historias apasionantes que relacionan los conceptos de presentación eficaz y exposición impactante. Es ideal tanto para principiantes como para presentadores experimentados.

Dima Ghawi, oradora de TEDx
y fundadora de Breaking Vases

Si sientes que no te enfrentas a retos exigentes cuando hablas en público, lee este libro.

Jeremey Donovan, autor de los superventas *Método TED para hablar en público: los secretos de las conferencias que triunfan en todo el mundo* y *Speaker, Leader, Champion*

El equipo que hay detrás de Big Fish Presentations entiende de verdad cómo hacer presentaciones que dejen huella. Su filosofía de abordar la cuestión como lo haría un gran chef tiene sentido: lo que necesitas son unos ingredientes de primera (contenido), una técnica impecable (diseño) y presentación (exposición impactante).
El resultado será un banquete para tu público que te llevará a lo más alto de tu sector.

Sonia Arrison, autora de *100 Plus*

THE
BIGFISH
EXPERIENCE

PRESENTACIONES
MEMORABLES

CREA EXPERIENCIAS ÚNICAS
QUE CAUTIVEN A TU AUDIENCIA

KENNY NGUYEN · GUS MURILLO · ROBERT KILLEEN · LUKE JONES

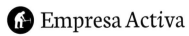

Empresa Activa

Argentina – Chile – Colombia – España
Estados Unidos – México – Perú – Uruguay – Venezuela

Título original: *The Big Fish Experience*
Editor original: McGraw-Hill Education, New York
Traducción: Helena Álvarez de la Miyar

1.ª edición Marzo 2017

Copyright © 2016 by McGraw-Hill Education
All Rights Reserved
© 2017 de la traducción *by* Helena Álvarez de la Miyar
© 2017 *by* Ediciones Urano, S.A.U.
Aribau, 142, pral. – 08036 Barcelona
www.empresaactiva.com
www.edicionesurano.com

ISBN: 978-84-92921-65-2
E-ISBN: 978-84-16715-97-8
Depósito legal: B-4.859-2017

Fotocomposición: Ediciones Urano, S.A.U.

Impreso por: LIBERDÚPLEX
Ctra. BV 2249 Km 7,4 – Polígono Industrial Torrentfondo – 08791 Sant Llorenç d'Hortons (Barcelona)

Impreso en España – *Printed in Spain*

Para Kelsie, Sofia, Gus, Evelyn y Tracey

Kevin, Khoi, Mary y Laura

Sarah, ¿te quieres casar conmigo?

Albus

ÍNDICE

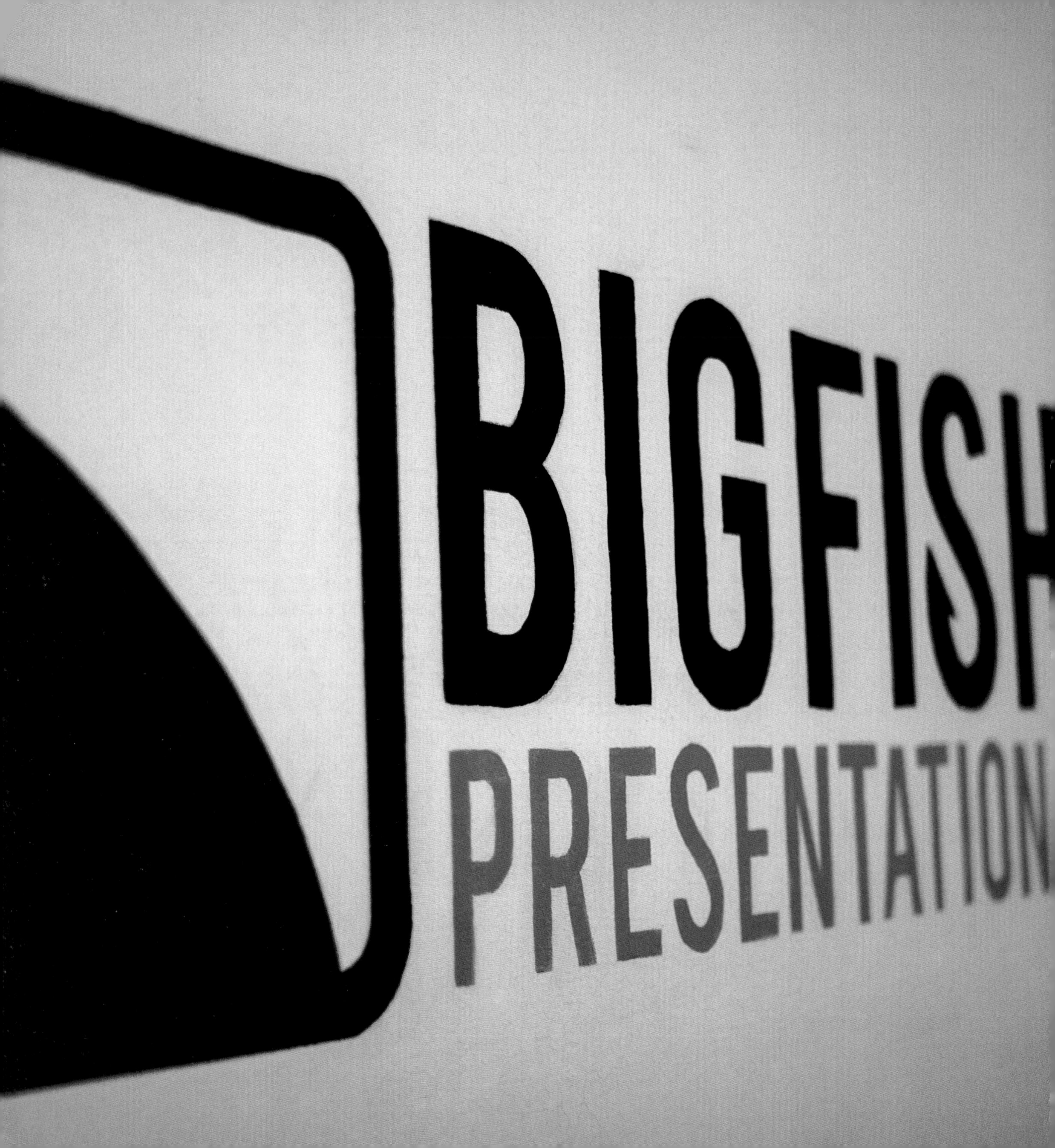
BIGFISH
PRESENTATION

NUESTRA HISTORIA

En enero de 2011, asistimos (Kenny Nguyen y Gus Murillo) a la presentación más aburrida de nuestras vidas: la intervención de un ejecutivo de una empresa de la lista Fortune 500 en un evento de una organización estudiantil. Mientras estábamos allí sentados soportando aquel muermo de presentación consistente en cientos de diapositivas rebosantes de texto, se nos ocurrió la loca idea de crear una empresa que librara al mundo de las presentaciones aburridas.

Había nacido Big Fish Presentations. Empezamos ayudando a clientes pequeños, o sea «peces pequeños» [*small fish* en inglés] a hacer presentaciones como los «peces gordos» (en inglés, *big fish*) en el vasto océano de la competencia.

En la actualidad, Big Fish Presentations es una empresa líder del sector de la producción audiovisual y de vídeo, y nuestros clientes van de pequeñas *startups* a grandes compañías de la Fortune 500. Trabajamos con marcas que quieren presentarse de maneras diferentes e innovadoras sin perder de vista el diseño, la comunicación y un modo de exposición eficaz. Tanto si es diseñando un conjunto de diapositivas de alta calidad, formando a emprendedores para un pitch[1] de 2 millones de dólares o produciendo un vídeo de 30 segundos para presentar una marca, Big Fish se esfuerza por transformar cada presentación en una experiencia para el público.

---

1. Un pitch es una presentación verbal concisa, que puede incluir elementos visuales, para exponer ideas a posibles inversores o a cualquier tipo de audiencia.

AGRADECIMIENTOS

Me voy a poner muy cursi. A fin de cuentas, escribir un libro para tu editorial favorita y trabajar con el mejor equipo del mundo no es algo que te pase todos los días.

Así que, guiado por ese espíritu de profundo reconocimiento, me gustaría dar las gracias a unas cuantas personas que han sido fundamentales, y no ya solo para escribir el libro que estás leyendo ahora, sino también para lograr el éxito de Big Fish Presentations en general.

(*Descargo de responsabilidades:* hay cientos de personas que han ayudado a desarrollar Big Fish pero, pensando en ahorrar papel y por tanto salvar árboles, y habida cuenta de la capacidad media de mantener la atención de la gente, sería imposible darles las gracias a todos de uno en uno en estas páginas. Ahora bien, me aseguraré de hacerles llegar mi agradecimiento en persona.)

Al equipo de Big Fish Presentations: sois mis héroes. Hacéis que merezca la pena venir al trabajo cada día. Big Fish no sería posible sin vosotros y estoy deseando ver lo que nos depara el futuro. No es tan terrible tener que trabajar hasta tarde e incluso los fines de semana si es en compañía de gente como vosotros. Me ilusiona mucho la perspectiva de seguir trabajando juntos durante años.

Al equipo de McGraw-Hill: gracias por creer en nosotros. Ha sido increíble que Casey Ebro nos brindara la oportunidad de escribir el libro que siempre soñamos. Lo hemos hecho poniendo todo de nuestra parte. Gracias por dejarnos ser tal como somos. En una ocasión, durante una visita del equipo de Big Fish a Nueva York, nos paramos delante de las oficinas de McGraw-Hill y le dije a nuestra gente que un día escribiríamos un libro para vosotros. Estaba siendo ambicioso, pero ¡desde luego no me esperaba que en cosa de dos semanas íbamos a recibir un correo electrónico vuestro pidiéndonos que «embotelláramos nuestra magia» para compartirla con el mundo! Gracias por darnos esta oportunidad. Confiamos en que estéis satisfechos con nuestro trabajo.

Al equipo que nos ha brindado un valioso feedback: Janae Bourgeois, Sarah Bedrick, Dima Ghawi y Big Gus, gracias por los ánimos y la crítica constructiva necesarios para llevar este libro a un nivel superior.

A todos nuestros clientes: gracias por creer en nosotros. Sabemos lo mucho que os jugáis en cada presentación. Gracias por confiarnos vuestro éxito futuro. Nunca damos por sentada esa confianza y valoramos profundamente nuestra relación con vosotros. Os animamos a que esperéis cosas aún mejores de nosotros. Siempre estamos intentando superarnos y nos hace mucha ilusión seguir ayudándoos a comunicar vuestro mensaje de manera más potente que nunca.

A mi padre, Kevin Nguyen: gracias por animarme a perseguir mi sueño y tomar un camino diferente. Sin tu apoyo, nunca me habría puesto a escribir las primeras líneas de este libro. Durante toda mi vida, siempre me has empujado y retado a superar mis límites. Los sacrificios que has hecho por nuestra familia me llenan de admiración. Confío en que este libro sea un símbolo de todo el esfuerzo que has invertido en criarme.

A mi socio empresarial y padre de Gus, Gus Murillo: gracias por ser un mentor y también nuestro primer cliente. Que compraras la idea de Big Fish Presentations me cambió la vida. Has contribuido a forjar la idea de la que surge este libro. Tu apoyo constante como mi mentor comercial ha sido indispensable y valoro mucho nuestra relación. Confío en que sigamos creciendo y trabajando juntos durante muchos años.

A mi mejor amigo y socio, Gus Murillo: ¡tío, estamos viviendo nuestro sueño! No me habría podido imaginar embarcándome en una aventura empresarial con nadie más. Siempre has sido como un hermano y tenemos suerte de contarnos entre las pocas personas capaces de ser los mejores amigos *y al mismo tiempo* montar juntos un negocio. Nuestra relación, tanto de amigos como de socios, es una de las que más valoro en esta vida y estoy deseando seguir desarrollando esta empresa contigo.

Al lector: no te imaginas lo que esto significa para el equipo de Big Fish Presentations y para mí. Lo que estás leyendo es el resultado de cinco años de trabajo, ayudando a clientes de todo el mundo a ofrecer a su público una experiencia. Gracias por ayudarnos a llegar al punto en el que estamos hoy. Confiamos en poder ayudarte a ofrecer presentaciones increíbles que jamás imaginaste que podrías llegar a hacer. Por favor, cuéntanos el efecto positivo o negativo que produzca en ti este libro. Te escucharemos y nos esforzaremos constantemente por mejorar. Escríbenos a hq@bigfishpresentations.com y te responderemos sin falta.

Nunca podremos dar las gracias como es debido a toda la gente que ha contribuido a nuestro éxito. Confiamos en que este libro te ayudará a hacer realidad tus sueños.

Por las presentaciones que suponen una experiencia a lo largo y ancho del mundo,

Kenny Nguyen
Consejero delegado y cofundador de Big Fish Presentations

CÓMO USAR ESTE LIBRO

Sabemos que estás ocupado.

Aquí van unos cuantos consejos para aprovechar al máximo el tiempo y sacarle el mayor rendimiento posible a este libro:

Pon tus objetivos por escrito

Escribe 10 objetivos que quieras conseguir para hacerte mejor orador. ¿Por qué 10? Bueno, porque nos gustan las cosas sencillas. Si te marcas demasiados objetivos puede resultar abrumador y, si te marcas muy pocos, no te supondrán ningún reto. Queremos que llegues al máximo de tu capacidad para hacer presentaciones. Para ayudarte con tus objetivos, al final de cada capítulo, te sugerimos, en función del contenido de este, toda una serie de retos. La clave es compartir estos objetivos con amigos de confianza, familiares y compañeros de trabajo para que te pidan cuentas y controlen si los consigues o no. Entendemos perfectamente que cada persona parte de un nivel diferente como presentador, así que hemos diferenciado varios niveles para asegurarnos de que sacamos de su zona de confort incluso a los presentadores más experimentados.

Algunos ejemplos de objetivos serían:

1. Hacer mi siguiente presentación sin utilizar PowerPoint.

2. Hacer mi siguiente presentación sin notas escritas.

3. Crear mi siguiente presentación con menos de 10 palabras por diapositiva.

¡Si logras todos tus objetivos no dejes de contárnoslo escribiéndonos a hq@bigfishpresentations.com!

Si tienes la impresión de que ya te sabes los materiales de un capítulo, no tengas miedo de saltártelo

Este libro está escrito para presentadores de todos los niveles. Por eso ofrecemos un resumen de contenidos al principio de cada capítulo, para que puedas pasar a una sección posterior cuando sientas que ya estás cómodo con el tema que se trata en la actual.

Para aquellos a quienes les urja mucho obtener consejo: al final del libro, la sección «Recursos adicionales» ofrece una lista de puntos clave para cada capítulo. Sugerimos que se lea el libro entero, pero estos puntos clave resultarán útiles a la hora de preparar una presentación, como recordatorio de lo que se te podría olvidar o lo que conviene refinar.

Atento a los salvavidas que llevan una K

Siempre que veas una imagen de un salvavidas con una K en el centro encontrarás a continuación un consejo personal de Kenny sobre presentaciones y coaching.

Pon en práctica delante de otra gente lo que vayas leyendo

El mero hecho de leer este libro no te convertirá en un gran presentador. Tienes que practicar. Planifica sesiones de práctica con compañeros de trabajo, jefes, profesores, amigos o familiares, en las que hagas una presentación sobre cualquiera de los temas que se tratan en este libro, de manera que puedas probar técnicas nuevas. La comunicación de calidad requiere práctica. Para que este libro te cambie verdaderamente la vida, el secreto es practicar tanto lo que dice que se convierta en algo natural. Cuando las buenas costumbres se conviertan en algo natural podrás pasar a concentrarte en mejorar otras técnicas de presentación.

No tengas miedo a probar cosas nuevas

Las presentaciones están en constante evolución. Puede que estas páginas contengan algunos materiales que no te cuadren. No pasa nada. Sencillamente no te cierres. Muéstrate receptivo a probar cosas nuevas, teniendo en mente la misión de mejorar como presentador día a día. Atrévete. Sal ahí fuera y prueba algo nuevo. El público te respetará por ello.

Sigue aprendiendo

Si ves a otros utilizando formas creativas y novedosas de presentar para captar la atención del público, formas que no hemos comentado en este libro pero sobre las que te encantaría que escribiéramos en nuestro blog, Hookyouraudience.com, mándanos, por favor, un correo electrónico a hq@bigfishpresentations.com ¡Nos encantaría que nos lo contaras!

DISEÑO   CONTENIDO

EL PROCESO DE PRESENTACIÓN BIG FISH

EXPOSICIÓN

¿QUÉ DEFINE UNA EXPERIENCIA?

Los planes carecen de importancia pero planificar es fundamental.

WINSTON CHURCHILL

Cuando oyes la palabra «experiencia», ¿qué es lo primero que te viene a la mente? ¿Un concierto con la gente cantando a pleno pulmón? ¿Un evento deportivo en el que los hinchas animan a su equipo? ¿La actuación de un grupo como el Cirque du Soleil?

Desde luego todas ellas pueden considerarse experiencias porque todas ofrecen algo más que música, deporte o entretenimiento. Todos son acontecimientos memorables que el público asistente atesorará en la memoria. ¿Se te ha ocurrido alguna vez que una presentación también puede considerarse una experiencia?

Por lo general no asociamos la palabra «presentación» con la euforia de un concierto o un partido. Si alguna vez concebimos una presentación como una experiencia, seguramente es más probable que la asociación sea con una mala experiencia; no es habitual que una presentación se describa con palabras como «memorable» o «emocionante», que normalmente solo se oyen si se habla de algún lanzamiento de producto de Apple o una charla TED. Los grandes presentadores que ofrecen una experiencia increíble no suponen más del 1 por ciento del total. ¿Y el 99 por ciento restante?

Estos tienen eminentemente tres problemas: en primer lugar, muchos confían demasiado en su software en vez de entablar una relación de confianza con el público; en segundo lugar, no se preparan como es debido para responder a las exigencias ligadas a la capacidad media de mantener la atención del público actual; en tercer lugar, los presentadores no se toman el tiempo de comprender lo que verdaderamente quiere el público.

¿Cuál es el resultado? El público está tan acostumbrado a las malas presentaciones que de hecho *se sorprende cuando la presentación es buena.*

En Big Fish Presentations queremos que pases a formar parte del 1 por ciento y nuestro objetivo es que, además, ese porcentaje crezca.

En la siguiente sección te hablaremos de nuestro proceso de creación de grandes presentaciones en tres pasos, un proceso curtido en mil batallas. Aprender y poner en práctica el proceso será tu primer paso hacia el objetivo de conseguir que tu público te crea.

CIRQUE DU SOLEIL

"Quidam," 2011
Randy Miramontez/Shutterstock.com

NUESTRO PROCESO

CONTENIDO INTERESANTE + MATERIAL VISUAL MEMORABLE Y SENCILLO + EXPOSICIÓN IMPACTANTE = EXPERIENCIA INOLVIDABLE

Podría parecer sencillo, pero el hecho es que nos llevó años crear y afinar este proceso complejo. Este libro está estructurado para simular la manera en que pensamos cuando creamos una presentación de cero: pasamos de afianzar un concepto sólido a incorporar elementos visuales y, por fin, centrarnos en una ejecución impactante. Tener un proceso claro que seguir hace que toda la experiencia de la presentación sea más agradable y memorable.

Tal y como indica la ecuación, este es un proceso en tres pasos:

1. *Contenido interesante*. Crear contenido interesante sienta las bases y la llamada a la acción de la presentación. El contenido es el rey en el mundo de las presentaciones. Centra tus esfuerzos en desarrollar la historia y visión más interesantes posible para conseguir que quienes te escuchan se involucren con lo que dices. Para creerse tu mensaje, primero tienen que ser capaces de comprenderlo.

2. *Diseño sencillo y memorable.* Si el contenido es el rey en el mundo de las presentaciones, entonces el diseño es la reina. Resulta más fácil crear unas diapositivas bonitas cuando tienes unos cimientos y una visión sólidos. Considera la estética de tu presentación y piensa en cómo conecta tu diseño con el público. Céntrate en la relación entre el corazón y la mente de quienes te escuchan en vez de limitarte a intentar hacer una diapositiva «que sea bonita». Diseña con un resultado en mente.

3. *Exposición impactante.* Este es el paso final en la presentación de un mensaje que puede crear un cambio. Un lenguaje corporal potente, la confianza en uno mismo y la conexión son fundamentales. Las presentaciones bien diseñadas son importantes pero no hay nada que sustituya al factor diferenciador principal: ¡tú! La gente siempre recordará más al presentador que la presentación. Los presentadores son los que marcan la diferencia, los que ejercen el poder de persuadir.

En este libro aprenderás lo que hace falta para dominar todos y cada uno de los pasos al detalle. Pero, antes de pasar a profundizar en nuestro proceso, nos gustaría presentar nuestros diez mandamientos.

El consejo de Kenny

Antes de fundar la empresa, estuve formándome durante un par de años para ser chef y, mientras aprendía cómo crear platos que sorprendieran a los comensales en el restaurante de mi tío, descubrí cuáles eran los componentes de una comida capaz de cambiarte la vida: ingredientes de primera, técnica impecable y presentación.

Crear grandes presentaciones se parece mucho a crear grandes platos.

GRANDES INGREDIENTES = GRANDES CONTENIDOS

TÉCNICA IMPECABLE = DISEÑO DE ALTA CALIDAD

PRESENTACIÓN = EXPOSICIÓN IMPACTANTE

Si bien tanto una gran presentación como una gran comida requieren un ambiente adecuado para que el producto sea impactante, si esta se ejecuta bien, ambas pueden resultar en una experiencia que cambia la vida a quien la recibe. Piensa en la mejor comida que hayas degustado en tu vida cuando crees la presentación. Piensa en todos los elementos que hicieron la comida memorable y cómo te hicieron sentir. De modo parecido, todos recordamos las presentaciones más potentes a las que hemos asistido en nuestra vida.

LOS MANDAMIENTOS DE BIG FISH PRESENTATIONS

Aquí están nuestros diez consejos más útiles en forma de mandamientos. Se trata de los ideales que conforman nuestra filosofía en relación con las presentaciones. A medida que vayas avanzando por el libro, tenlos presentes. Te ayudarán a convertirte en un presentador más personal, completo y seguro de sí mismo.

1. Presenta los beneficios para el mundo, no para ti.

2. Recuerda que el tiempo no es un recurso renovable. Respétalo.

3. Nunca des una presentación a la que no te gustaría asistir.

4. Ten presente que la gente siempre recuerda más al presentador que la presentación en sí.

5. Apasiónate con el tema.

6. Cuenta historias.

7. Ofrece siempre una progresión que culmine en una llamada a la acción.

8. Si crees que ya has practicado lo suficiente, practica otra vez más.

9. Interactúa con el público en la medida de lo posible.

10. Pásatelo bien.

Consideraremos todos estos mandamientos con mayor detalle a lo largo del libro. Creemos que estas pautas pueden poner a cualquiera en el camino correcto para convertirse en un gran presentador.

Ya estás preparado para dar los primeros pasos para convertir tu próxima presentación en una experiencia. Prepárate para crear contenido interesante capaz de conmover a tu público.

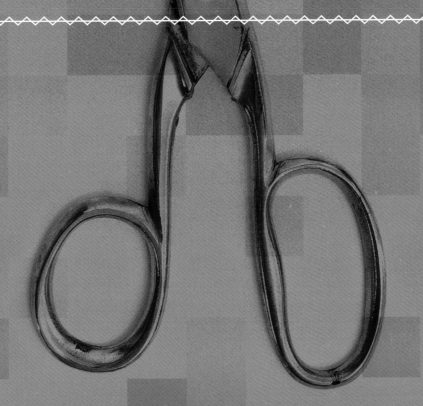

CONTENIDO

> *Las palabras tienen un poder increíble. Lo mismo pueden alegrar que partir el corazón de las personas.*
>
> DR. MARDY GROTHE

La base de cualquier presentación es su contenido. Puede tener las mejores transiciones, imágenes de la máxima calidad y un diseño visual impactante pero, si no dice nada, poco se conseguirá con ella. Si estás haciendo una presentación, es por algo, hay algo que quieres comunicar. El contenido es lo que la gente va a recordar, aquello con lo que se van a quedar. Es tu gran idea, tu mensaje, tu enfoque.

Te vas a encontrar en una sala llena de gente, cada uno con sus perspectivas y sus ideas. Tienes que asegurarte de que, les digas lo que les digas, será impactante, entretenido, persuasivo y creíble, ya sea con intención de educar, inspirar, persuadir o hacer que tu público llore o ría.

No es siempre tanto cuestión de lo que tú quieres decir como de lo que quieren oír quienes te escuchan: ¿quiénes son?, ¿qué les gusta?, ¿qué perfil demográfico y psicográfico (sus valores) tienen? Las respuestas a estas preguntas te ayudarán a moldear tu contenido y serán determinantes para el resultado de tu presentación.

Si la gente no siente que lo que cuentas es importante, desconectarán. Si lo que les cuentas no les interesa, desconectarán. E incluso si lo que cuentas les interesa pero no lo estás contando de una *manera* que les interese, desconectarán. Es una espada de doble filo porque tanto lo que cuentes como la forma en que lo cuentes serán aspectos determinantes de si logras o no su atención. Hay quien dice que el público en general es capaz de mantener la atención durante una media de cinco minutos[1]. Por desgracia, lo más probable es que tu presentación dure más. Tienes que asegurarte de que lo que digas cautive a tu público y mantenga su atención.

En este capítulo hablaremos de los siguientes temas

- INVESTIGACIÓN
- LA GRAN IDEA
- UN MENSAJE CENTRAL SENCILLO
- LA APERTURA
- LA HISTORIA

- DATOS
- LLAMADA A LA ACCIÓN
- ESTRUCTURA
- FRASES QUE SE QUEDAN GRABADAS
- HAZ QUE CUALQUIER COSA RESULTE INTERESANTE

INVESTIGACIÓN

La investigación es fundamental. Antes de comprar una casa, investigas. Antes de ir a una entrevista de trabajo, investigas. Antes de lanzar una nueva iniciativa en el trabajo, investigas. Cualquier cosa en esta vida implica un cierto nivel de investigación y planificación antes de pasar a la acción: ¿cuál es la ruta más corta a la oficina?, ¿qué proveedor tiene los mejores precios?, ¿para qué empresa me gustaría trabajar?

A la hora de presentar, pasa lo mismo. Como presentador tienes que investigar sobre el tema que vas a tratar y el público al que te vas a dirigir. Cuando investigas un tema, lo primero que hay que comprender es que nunca se llega al punto de dar por finalizada la investigación completamente. Nunca. Siempre habrá algo más que aprender. El objetivo no es investigar hasta que tengas la sensación de haber agotado todas las fuentes. El objetivo es investigar hasta que estés en condiciones de hablar del tema con confianza y cómodamente. Esto es algo importante por dos motivos: mirarás menos las diapositivas y serás capaz de responder a cualquier pregunta que te planteen.

Utilizar diapositivas como una muleta podría perjudicar tu credibilidad como presentador así que, por regla general, evita depender de ellas. Si investigas el tema de tu presentación exhaustivamente no te hará falta. Esto también te permitirá hacer diapositivas más sucintas y utilizarlas únicamente como guía.

Así que, ¿cómo se investiga un tema para saber todo lo que hay que saber sobre el asunto? Pongamos por caso que tienes que hacer una presentación sobre un libro y es la única información que tienes. No sabes ni para qué público ni cuál es el objetivo de la presentación. Lo único que sabes es que vas a estar hablando de ese libro media hora. ¿Por dónde empiezas?

Estas son las seis preguntas que deberías plantearte cuando investigues un tema:

¿Quién?	¿Qué?	¿Cuándo?	¿Dónde?	¿Por qué?	¿Cómo?

Siguiendo con nuestro ejemplo, deberías preguntarte:

- ¿De qué trata el libro?
- ¿Qué propósito persigue?
- ¿A qué lectores va dirigido?
- ¿Quiénes son los autores?
- ¿A qué se dedican?
- ¿Por qué lo han escrito?

Es un ejemplo breve, pero el hecho es que cada una de estas preguntas suscitará más preguntas todavía. La cuestión no es limitarse a plantear estas seis preguntas y punto, sino aplicarlas a todos y cada uno de los aspectos del tema. Recuerda:

- Nunca se llega al final.
- No hay información que no tenga alguna utilidad.
- Hay que cuestionarlo todo.
- Google es tu amigo.

¿Qué pasa si eres un experto en el tema? Supongamos que sabes la respuesta a todas las preguntas habidas y por haber. Aun así, es importante que investigues antes de la presentación. Te ayudará a afinar todavía más tus conocimientos y, lo que es aún más importante, te abrirá las puertas de la segunda fase de investigación.

En esta segunda fase se trata de comprender perfectamente a quién estás dirigiéndote. Si sabes quién te escucha sabrás lo que quieren oír y cómo. Esto es crucial para cualquier presentación. Una vez conoces a tu público, puedes comprender sus necesidades.

A la hora de definir al público, presta atención al evento en sí. Es importante comprender el contexto: ¿se trata de una conferencia por la que se cobra una entrada?, ¿el público es un conjunto de profesionales?, ¿un grupo de estudiantes?, ¿hay más oradores? De ser así, ¿sobre qué hablarán?

Independientemente de cómo obtenemos información sobre el público, la cuestión es dedicar tiempo a recabarla. Cuando eres capaz de calibrar lo que le gusta y no a las personas a las que te diriges, puedes adaptar tu mensaje para garantizar su eficacia con ese público en concreto.

Puedes aplicar las seis preguntas a la investigación en torno a tu público:

1. ¿Por qué hablo?

2. ¿A quién hablo?

3. ¿Qué quiere oír el público?

4. ¿Cómo satisfacer cuanto sea posible las necesidades del público?

5. ¿Cuándo hablo?

6. ¿Dónde hablo, en qué local/escenario/área?

Otras preguntas a plantear en relación con tu público:

- ¿Tengo historias personales que compartir con las que el público podría identificarse?

- ¿Qué medio (herramienta de presentación) voy a utilizar para llegar lo mejor posible a mi público?

- ¿Qué quiero que hagan quienes me escuchen con la información que les dé?

- ¿Qué es lo que ya saben sobre el tema?

- ¿Cuáles son las posibles preguntas u objeciones que puede suscitar el tema que voy a tratar?

- ¿Hay información técnica que podría confundir al público?

- ¿Tengo cuidado de no ofender a nadie si hablo de cuestiones controvertidas tales como religión, raza o política?

- Si voy a hablar a un público extranjero, ¿estoy seguro de que no hay nada en el material que voy a usar que se pueda considerar ofensivo?

A muchos de nosotros nos piden que hablemos en congresos. Sabemos que la gente no paga para ir a ver una película que no creen que les vaya a gustar. Con las presentaciones y las conferencias pasa lo mismo. Si sabes que todos los ponentes hablarán sobre el mismo tema, eso es un buen indicador de los intereses del público. En caso de duda, pregunta al coordinador del evento. Ahora bien, nada es completamente infalible. *Siempre* hay elementos atípicos. Para captarlos, trata de que tu presentación sea interesante en términos generales, independientemente de quién vaya a escucharte (ya hablaremos más de esto luego).

Podemos extraer dos grandes lecciones de este ejemplo en lo que respecta a investigar a nuestro público. Lección número uno: usa los recursos disponibles. A través de tu principal

ESTUDIO DE CASO

Uno de los principales minoristas del sector de la electrónica nos pidió que le ayudáramos a crear un pitch para que sus grandes clientes invirtieran en la nueva tecnología interactiva de la compañía. El reto: múltiples públicos de distintos departamentos influirían en la decisión final de compra. Dentro de este conjunto de partes implicadas había consejeros delegados, profesionales de marketing, contables, ingenieros y desarrolladores, todos los cuales querían que se diera respuesta a sus necesidades. Si la propuesta no lo lograba, se retrasarían las ventas futuras.

Lo que hicimos fue optar por un enfoque a medida. Abrimos la presentación con elementos comunes relacionados con todas las partes implicadas y luego pasamos a abordar las necesidades de cada uno de esos grupos al tiempo que lo ligábamos a lo que significaba para los otros grupos: «Incorporando esta tecnología, tus clientes podrán hacer X y experimentar la tecnología interactiva como nunca antes [para los de marketing]. Pese a ser revolucionaria, esta tecnología incluye mejoras compatibles con tu tecnología actual [para los ingenieros] sin incurrir en grandes costes [para los contables y el consejero delegado, que son a quienes les preocupa el beneficio]». Este enfoque incluyente ofrecía garantías a todos los departamentos de que se satisfarían sus necesidades.

contacto, identifica y agrupa los intereses del público. Plantea las preguntas necesarias. Lección número dos: si el público fuera variado, generaliza el mensaje y luego utiliza un enfoque incluyente para abordar las necesidades del grupo.

Saber de un tema es un modo fantástico de derrochar seguridad en uno mismo y credibilidad, y saber cuáles son las necesidades de quien te escucha es la mejor manera de conmoverlos.

No hagas una presentación sin haber estudiado el tema y a tu público previamente.

El consejo de Kenny

Tu contacto principal (cliente, organizador del evento, anfitrión, etc.) es tu mejor recurso, pero usa otros recursos también. Consulta publicaciones periódicas anteriores dirigidas a ese público o para el evento en cuestión, entrevista a miembros actuales y pasados del público o pregunta a ponentes de ediciones pasadas sobre la experiencia que tuvieron con el público.

LA GRAN IDEA

No nos cansamos de hacer hincapié en esto: toda presentación necesita una gran idea. *La gran idea define el propósito de la presentación.* La gran idea, en definitiva, es un argumento. Puede ser inspiradora, desafiante o controvertida. La gran idea es la base sobre la que se asienta el contenido de toda tu presentación y determinará la forma en la que abordarás tu argumento, mensaje y tono general, y el sentimiento que quieres transmitir. Detrás de todas las grandes presentaciones hay una gran idea. No se debe subestimar su importancia.

Vamos a enseñarte a elegir, no ya una gran idea, sino la mejor idea.

En primer lugar, es importante señalar que las grandes ideas no son temas. El tema «cómo cambiar tu forma de hacer las presentaciones» puede sonar interesante pero, para tener éxito de verdad, necesita una gran idea, algo así como «para cambiar tu forma de hacer las presentaciones tienes que hacer una presentación a la que a ti te gustaría asistir». Las grandes ideas son declaraciones que tienen que ver con el tema pero que también ofrecen una solución que podría suponer un desafío a la manera de pensar del público.

Ahora bien, una gran idea no puede ser eficaz por sí sola. El impacto de tu gran idea depende en gran medida de la calidad del contenido con que la respaldes y el contexto en el que la presentes. Es decir, tienes que saber exactamente quién es el público y luego darle una razón para creerte.

Por ejemplo, si pronuncias un discurso cuya gran idea es «incrementar las ventas contratando al mejor talento, dándole formación y dejándole hacer su trabajo» y estás hablando a un público compuesto por comerciales con muchos años de experiencia, probablemente desconectarán porque esa idea no va a cambiar su forma de pensar o sentir. Ahora bien, si propusieras esta gran idea a un grupo de comerciales novatos, tal vez sí que sería algo que les abriría los ojos. Puede que la idea les resultara novedosa y tal vez los motivara para saber más al respecto. Les estás ofreciendo valor con tu gran idea.

Otro ejemplo sería la charla TEDx de Drew Dudley titulada «Leading with Lollipops» [Liderar con piruletas]. Hasta el final de su presentación sobre liderazgo, Dudley no menciona la gran idea: «Necesitamos redefinir el liderazgo para concebirlo en términos de "momentos piruleta", de cuántos

ESTUDIO DE CASO

En su charla TED titulada «The Art of Saying No» [El arte de decir no], Kenny habló sobre cómo decir no puede conducir a nuevas oportunidades. Primero preparó el terreno contando una historia sobre cómo decir no lo salvó de hacerse daño cuando era niño. Con eso, estableció cuál iba a ser su tema. Necesitaba encontrar la manera de hacer que la gente viera las palabras «sí» y «no» con ojos nuevos. A esto es a lo que llevaba su gran idea: «Hoy quiero que penséis de forma muy distinta a como soléis hacerlo en lo que respecta a la palabra "no". Quiero que penséis en "no" como si fuera un escudo protector frente a la espada del "sí"». Esta gran idea contenía una analogía que permitía al público recordar fácilmente tanto a Kenny como su presentación.

KENNY NGUYEN

TEDx LSU

Big Fish Presentations

creamos, cuántos reconocemos, cuántos devolvemos por adelantado en justa reciprocidad y por cuántos damos las gracias». Se trata de una potente llamada a la acción pronunciada tras contar una historia sobre una señora que le había dado las gracias por romper el hielo entre ella y un compañero de clase (aviso de *spoiler*: acabaron casándose). Consiguió conmover al público y luego les pidió que pasaran a la acción en función de su gran idea.

La gran idea de este libro es: *para estar entre el 1 por ciento de los mejores presentadores hay que marcarse el ambicioso objetivo de convertir cada presentación en una experiencia para el público combinando para ello contenido interesante, materiales visuales sencillos y memorables, y una exposición impactante.*

Recuerda que es mejor centrarse en una única idea potente que en varias ideas. Se trata de reunir al público en torno a una idea central. Elige siempre la calidad antes que la cantidad. Si hay demasiadas grandes ideas el público puede acabar distrayéndose y el mensaje se diluirá.

A continuación citamos unos cuantos ejemplos de charlas TED famosas que se centran en una gran idea respaldada por un contenido sólido (la gran idea aparece en cursiva):

MELLODY HOBSON, «¿Ciegos frente al color o valientes frente al color?»:

Así que creo que ya va siendo hora de sentirnos cómodos con la conversación incómoda sobre la raza: negros, blancos, asiáticos, hispanos, hombres, mujeres, todos nosotros, si de verdad creemos en la igualdad de derechos y oportunidades en Estados Unidos, creo que tenemos que tener una conversación de verdad sobre este tema. *No podemos permitirnos el lujo de ser ciegos frente al color, tenemos que ser valientes frente al color. Tenemos que estar dispuestos… como profesores, padres, empresarios y científicos, tenemos que estar dispuestos a, de manera proactiva, mantener conversaciones sobre la cuestión de la raza, y hacerlo con honestidad, comprensión y coraje, no porque sea lo correcto sino porque es lo inteligente, porque nuestros negocios y productos, y nuestra ciencia, nuestra investigación, todo será mejor si hay más diversidad.*

CHRIS HADFIELD, «Lo que aprendí de la ceguera en el espacio»:

… considerando la diferencia entre el peligro percibido y el real, ¿dónde está el verdadero riesgo? ¿Qué es aquello verdaderamente real a lo que deberías temer? Y no hablo simplemente de miedo en sentido genérico a que pase algo malo. *Es posible cambiar de manera fundamental tu reacción ante las cosas, de modo que puedas ir a los sitios y ver y hacer cosas que de otra forma se te negarían…*

SHAWN ACHOR, «El feliz secreto para trabajar mejor»:

El problema es que a nivel científico está mal, es retrógrado, por dos motivos: cada vez que tu cerebro logra un éxito, automáticamente cambias la portería del éxito de sitio. Si sacaste buenas notas, ahora las tienes que sacar mejores; si te admitieron en una buena universidad, tienes que entrar en otra mejor; si tienes un buen trabajo, tienes que conseguir uno mejor; lograste tu objetivo de ventas, así que te lo vamos a cambiar. *Y si la felicidad se encuentra a la otra orilla del éxito, tu cerebro nunca llega hasta allí. Como sociedad, hemos empujado la felicidad hasta el otro lado del horizonte cognitivo: por eso creemos que tenemos que tener éxito y entonces seremos más felices.*

Estos oradores son maestros a la hora de cautivar e inspirar al público con grandes ideas que sustentan con historias potentes y datos robustos, todo lo cual les permite argumentar de manera más convincente. Estos elementos constituyen el núcleo fundamental de toda gran presentación.

Recuerda que no todos los presentadores han desvelado su gran idea en el mismo punto de la charla. Si estructuras bien tu charla y utilizas los principios de la narración de historias, el momento de revelar la gran idea será el punto en el que el público sienta que se le plantea un desafío emocional.

La gran idea no se limita a establecer tu tesis sino que inspira y genera una acción. Destilar tu mensaje hasta convertirlo en una idea sencilla significa profundizar en tu tema y extraer lo más importante. Solo así lograrás tocar los corazones y las mentes del público. Acuérdate de que todo lo que se ha logrado en este mundo comenzó con una idea.

UN MENSAJE CENTRAL SENCILLO

Un problema habitual de presentaciones y comunicaciones en general es su falta de sencillez. Con demasiada frecuencia, vemos diapositivas de PowerPoint rebosantes de texto. Esto se debe a que el presentador o presentadora es incapaz de simplificar su mensaje. La mayoría de los presentadores temen no ser capaces de comunicar su idea y aportan gran cantidad de información muy elaborada, tanta como les sea posible, para asegurarse de que el público lo pille. Sin embargo, lo que consiguen con eso es todo lo contrario: abrumar a la gente hasta el punto de que desconecten.

Nos hacemos cargo. Para introducir un nuevo producto o servicio hace falta explicarlo en detalle, pero la respuesta no es llenar cada diapositiva con kilómetros de texto. La respuesta es simplificar el mensaje. Esto es crucial para todos los aspectos de una presentación, no solo el contenido. Es de sentido común: las ideas complejas son difíciles de comprender mientras que las ideas sencillas son fáciles de comprender. ¿Por qué usar 20 palabras para decir algo que se puede expresar en 7? ¿Por qué incluir todos los colores cuando puedes escoger tan solo dos? ¿Por qué hablar de los detalles adicionales que no son importantes? Ya sea contenido, diseño o exposición, es bueno simplificar todos los aspectos de tu presentación. Si haces una exposición sencilla, resultarás natural y seguro de ti mismo en un sentido que conecta con tu público.

Confía un poco en la capacidad de los que te escuchan. No los insultes llevándolos de la mano para recorrer cada diapositiva. Permite que lleguen a sus propias conclusiones.

¿Cómo?

Si no eres capaz de decir de qué va tu presentación en una sola frase, estás haciendo algo mal

La mejor manera de simplificar un mensaje es explicarlo en una sola frase. ¿Cómo se puede hacer eso? Fácil. Cuando los clientes no están seguros de cuál es su mensaje general, les solemos preguntar: si lo tuvieran que resumir en una sola frase, ¿cómo lo explicarían? Eso los obliga a mostrar la versión más sencilla de su idea y a darse cuenta de la importancia de ser breve. Una vez seas capaz de sintetizar tu presentación en una sola frase, crea todas y cada una de las diapositivas en torno a esa idea para asegurarte de que tu mensaje está presente en todo momento. Esa frase es el elemento principal con el que quieres que se quede el público.

¿En qué se diferencia esto de tu gran idea? Bueno, tu mensaje central es el contenido que ayuda al público a comprender la gran idea más claramente. Tu gran idea es un reto para el público; tu mensaje central es una forma sencilla de expresarlo.

Explícamelo como si tuviera cinco años

Este consejo sencillo te ayudará a deshacerte de jerga, revoltijo de elementos y peso muerto en lo que al material de tu presentación se refiere, para así revelar el mensaje subyacente. La próxima vez que estés preparando una presentación, pide a un amigo que te haga de público mientras ensayas. Ahora bien, en vez de verlo (o verla) como tu amigo, finge que es un niño. Si pones demasiado texto en una diapositiva no la leerá. Si le das demasiada información, jerga o complejidad, lo confundirás. Y si tu mensaje no es sencillo, se olvidará de lo que has dicho. Puedes perder a tu público en cualquier momento a menos que tu mensaje sea la versión más sencilla de sí mismo.

Lo más difícil es cumplir esta regla. No siempre podemos escoger nuestra materia, el tema de nuestra presentación y la cantidad de información que tenemos que lanzarle al público. No obstante, es importante acordarse de que *se puede simplificar el contenido sin necesidad de omitir información*. La próxima vez que necesites ayuda para condensar la información, simplemente imagínate que tienes que presentarla ante un grupo de niños de cinco años.

Se trata de centrarse en el panorama más amplio, en el mensaje con el que quieres que se lleve el público a casa. ¿Cuál es? ¿En qué quieres que esté pensando la gente cuando se levante para marcharse? No se van a acordar de la estructura de los pilares de tu empresa que has mostrado en esa diapositiva repleta de estadísticas. Se van a acordar del tema de tu presentación, el mensaje que les ha transmitido esta, o no se acordarán de nada en absoluto. No sepultes al público bajo una montaña de explicaciones, detalles superfluos, ejemplos, etc., que en realidad no hacen falta. Si el propósito de la diapositiva 13 es ayudar a explicar la 12, entonces es que la 12 no es lo suficientemente buena.

Hemos conseguido reducir presentaciones de 200 diapositivas a una única idea, así que podemos afirmar rotundamente que no hay excepciones a la hora de lograr refinar un mensaje. Lo único que hace falta es repasar todo lo que tienes, eliminar la complejidad y centrarte en los puntos principales. Una vez hayas hecho eso, combina estos puntos para crear una única frase y construye tu presentación a partir de ella. Comunica tu mensaje en todas las diapositivas pero deja espacio suficiente para el misterio, para que quienes te escuchan puedan establecer por sí mismos los puentes de conexión. Se trata de que les resulte fácil seguirte, y eso es posible únicamente con información sencilla.

Pongamos por caso que una empresa de zapatos tiene cientos de modelos de calzado deportivo —uno diferente para cada actividad, cada deporte y cada afición—, y que tiene todos estos modelos porque quiere que sus clientes se sientan seguros practicando todas las actividades que realizan en la actualidad o que pudieran querer realizar en el futuro.

Ahora bien, cuando la empresa presenta su mensaje —su idea—, no muestra todos los zapatos ni explica todas las características de cada modelo; no hace un listado de todos los valores sobre los que se erige la compañía ni los márgenes de beneficio que demuestran que tiene éxito, seguidos de unos cuantos testimonios y estudios de casos. Lo único que dice es una única frase sencilla que hasta un niño de cinco años puede comprender:

Just do it.

LA APERTURA

No hay más que una excusa para que un presentador pida a su público que le preste atención: ha de ofrecer verdad o entretenimiento.

DALE CARNEGIE, *Cómo hablar bien en público e influir en los hombres de negocios*

Captar la atención de tu público es complicado. Al principio de cualquier presentación, hay quien dice que no se tienen más de siete segundos para causar una buena primera impresión[2]. Una vez pasado ese momento, si la gente te ha percibido como aburrido o irrelevante, será casi imposible despertar su curiosidad de nuevo. Te pasarás el resto de tu presentación librando una batalla perdida, intentando desesperadamente recuperar su atención. Esto es algo que no te puedes permitir. Una presentación es en definitiva un pitch, así que si al principio pierdes la atención de los que te escuchan, aunque luego te las ingenies para recuperarla, aun así el efecto no llegará a ser tan potente como hubiera sido posible.

Puedes evitar esto fácilmente si estás preparado. Tu presentación comienza en cuanto pones un pie en el escenario: sonríe y muéstrate seguro. Tus primeras frases marcan el tono de toda tu intervención, así que preparar una gran introducción predispone a quienes te escuchan para recibir el mensaje que están a punto de escuchar. Si los cinco primeros minutos de tu presentación entretienen al público, es más probable que les llegue tu mensaje y por tanto que lo recuerden después. Ese es el objetivo en última instancia, ¿no? Impactar e inculcar una idea a alguien para provocar un cambio. Para conseguirlo, tienes que empezar a lo grande.

Es fácil de decir… No es tan sencillo como lanzarle al público una cita, hecho o declaración inspiradores. La apertura tiene que ofrecer al público un ligero atisbo del resto de la presentación. Es tu ventana a la oportunidad. ¿Cómo vas a captar y mantener la atención de tu público?

El consejo de Kenny

Una buena práctica es presentarte al público antes de tu intervención. Así te ganas aliados. Pregúntales qué es lo que más les entusiasma de la presentación y lo que más les gustaría aprender. El objetivo es que el público te catalogue como un ponente a quien le importan de verdad los intereses de quienes lo escuchan.

Historias

A todo el mundo le gustan las buenas historias. Todos tenemos las nuestras. Contar una historia es compartir una experiencia a los que te escuchan, que los transporta temporalmente a un mundo creado por ti que les permite identificarse contigo. En ese momento, todos los asistentes están en el mismo lugar viviendo juntos una pequeña aventura. Se crea un vínculo. Has establecido una conexión con el público que te proporciona la oportunidad de compartir tu mensaje. Seguramente este es el tipo de apertura más eficaz, pero también el más difícil. La clave es asegurarse de que la historia no sea tan específica que pierdas a algunas personas por el camino, solo suficientemente específica como para que todo el mundo pueda relacionarse con ella. Por ejemplo, cuando Kenny empieza una presentación a un cliente nuevo, lo hace con la historia de Big Fish Presentations. Le cuenta al público que sufrió en carne propia una mala presentación y se prometió a sí mismo que haría algo al respecto.

Utiliza aperturas en forma de historia cuando necesites conectar emocionalmente con tu público a nivel personal. Puede que se tarde un poco más en entrar en materia, así que no cuentes más que los detalles necesarios y asegúrate de que todas las frases contribuyan a hacer avanzar la historia. De no ser así, el público podría empezar a perder el interés.

Preguntas

Empezar tu presentación con una pregunta es una forma rápida y fácil de caldear una sala y mostrarte cercano. No solo se consigue poner a la gente a pensar y hablar, sino que también sirve para relajar al público. Sacas a todo el mundo del modo de piloto automático y los empujas a interactuar, aunque tan solo sean unos segundos y únicamente un par de palabras. Esto ya insufla suficiente energía al público como para prepararlo para tu presentación. Haz que tu pregunta sea pertinente en esa situación. Por ejemplo, si estás haciendo una presentación ante un grupo de biólogos marinos, no vas a querer abrir con una referencia a la cultura popular salvo si puedes relacionarla directamente con tu presentación. La mejor opción sería hacer referencia a un descubrimiento biológico reciente con el que es muy probable que esté familiarizado el público.

Usa las aperturas en forma de pregunta cuando necesites que la gente abra la mente a nuevas ideas. Hacer varias preguntas al público es un modo sensacional de establecer qué conocimiento operativo tienen los que te escuchan del material de tu presentación.

Citas

No juzgues cada día por lo que coseches sino por las semillas que plantes.

Robert Louis Stevenson

Utilizar las sabias palabras de otros al principio de tu presentación es una gran manera tanto de inspirar al público como de proporcionar un marco de referencia. Al ofrecer una gema de sabiduría al público, colocas la primera capa de credibilidad, aunque uses las palabras de otro, pues eso indica que has investigado y estás preparado para compartir un mensaje valioso, relevante e inspirador. A fin de cuentas, incluso los académicos de mayor renombre recurren a las citas cuando comparten sus mensajes, ¿por qué no ibas a hacerlo tú?

Utiliza una cita como apertura cuando necesites que una figura influyente valide las declaraciones que vas a realizar. Este recurso resulta de máxima eficacia cuando el contenido de tu presentación supone un desafío a la manera de pensar del público.

Estadísticas

Las cifras o cualquier tipo de dato pueden parecer aburridos en las presentaciones. Ahora bien, si se usan correctamente, las estadísticas pueden ser muy eficaces a la hora de arrojar luz sobre un tema. La clave es usar información muy clara, precisa y relevante. Una estadística robusta coloca el mensaje que se va a comunicar en un marco de referencia concreto, irrefutable y fiable. Los datos no solo refuerzan tu presentación con una fuente de confianza, sino que también aportan credibilidad a todo lo que digas a continuación. Evidentemente, te tienes que asegurar de que tus datos son correctos antes de exponerlos, pero también tienes que asegurarte de usar declaraciones interesantes y relevantes que respalden tu mensaje, no únicamente hechos elegidos un tanto indiscriminadamente porque te parece que impresionarán al público. Las estadísticas son particularmente eficaces cuando son sorprendentes o inquietantes. El famoso chef Jamie Oliver abrió su charla TED sobre comida con «por desgracia, durante los próximos dieciocho minutos que va a durar mi charla, cuatro estadounidenses habrán muerto por culpa de lo que comen».

Utiliza aperturas en forma de estadísticas cuando haya que concienciar al público sobre una cuestión importante que sea medible. Es la mejor estrategia a utilizar con gente que sea muy analítica. Cuando emplees un dato estadístico sorprendente, asegúrate de que mencionas de dónde lo has sacado.

Humor

El humor es tremendamente potente si se usa bien. Una buena carcajada puede relajar al público, hacer que quienes te escuchan estén más receptivos a ti y a tu mensaje. Pero, cuidado: un mal chiste puede ser peor que no hacer ninguno. Como siempre, asegúrate de que sea relevante al mensaje y responda a la situación. En su charla TED titulada «La caja misteriosa», J. J. Abrams empezó diciéndole al público que preferiría estar hablando de polipéptidos que tener que dar una charla TED. La audiencia se partió de risa y mantuvo una actitud receptiva hacia Abrams durante el resto de su presentación.

Utiliza aperturas humorísticas cuando quieras romper el hielo con un público que puede que no te conozca demasiado, o cuando estés intentando encontrar una manera de cautivarlo con ideas nuevas. Las historias divertidas o las bromas pertinentes al contenido son muy eficaces, pero también arriesgadas, porque puede que no todos los integrantes del público pillen la gracia.

Vídeo y fotografía

Para promocionar *The 4-Hour Body* [El cuerpo de cuatro horas] el autor de superventas Tim Ferriss publicó un increíble tráiler de avance del libro (que consiguió más de un millón de visionados) en el que daba a los fans detalles sobre qué esperar y los ponía a calentar motores en anticipación de un nuevo

El consejo de Kenny

La utilización del humor en las presentaciones es una habilidad que cuesta mucho adquirir. En mi experiencia, el humor autocrítico en forma de historias es una buena manera de ganarte al público porque te hace parecer comprensivo.

Si el público es animado y he podido conocer a unas cuantas personas antes, a veces empiezo con una experiencia graciosa que me haya ocurrido en la ciudad donde estoy haciendo la presentación (mejor todavía si puedo relacionar la historia con el tema o materia del evento).

Una vez me puse un jersey negro con cuello de cisne y vaqueros para una presentación. ¡Justo antes de empezar me di cuenta de que parecía la versión asiática de Steve Jobs! Empecé mi charla diciendo que sabía a quién les recordaba vestido así, saqué mi iPad mini y lo presenté como el nuevo iPhone 6 plus plus. El público se desternilló de risa. El humor hizo que les cayera bien inmediatamente.

cambio de estilo de vida. Tim incluyó una versión de ese tráiler en su presentación para South by Southwest y logró que el público deseara ver más. Si estás pensando en utilizar un vídeo o una fotografía al principio de tu intervención,

> *Hoy quisiera empezar hablando de la estructura de los polipéptidos.*
>
> J. J. ABRAMS
>
> *Productor/escritor autor de* Lost *y* Mission Impossible III

asegúrate de que evoque una emoción y sea relevante al resto de tu presentación. No tienes que ser un autor famoso ni tener un gran presupuesto para tu presentación, pero aprovechando esos primeros momentos con un material cinematográfico puedes mejorar exponencialmente tu presentación. Ahora bien, que el vídeo no dure demasiado o la audiencia empezará a impacientarse. Cuanto más largo sea, más difícil le resultará al público reenfocarse. Que no pase de 45-60 segundos para una apertura.

Utiliza un vídeo o una fotografía como apertura para evocar emociones y establecer el tono del resto de la presentación.

Objetos

Empezar con un objeto físico que esté relacionado con el tema de tu presentación es una forma potente de conseguir que el público visualice mejor tu mensaje. Un ejemplo de esto es la charla TED de Bruce Aylward titulada «Así erradicaremos la polio para siempre». Aylward sostuvo en alto una botellita que contenía la vacuna de la polio, al tiempo que pedía al público que pensara en tecnologías que pueden cambiar el mundo.

Es importante mencionar que en ningún caso se debe abusar del uso de objetos a lo largo de la presentación: podría convertirse en una distracción para la audiencia. Lo mejor es guardar el objeto o ponerlo en un discreto segundo plano como recordatorio sutil para el público. Siempre y cuando el objeto se presente con un mensaje potente, resultará eficaz.

———

Todos los aspectos de una presentación son importantes, pero piensa en la apertura como el primer paso en la ejecución de esta. Decide el enfoque que te gustaría adoptar, y practica hasta dominarlo y hacerlo tuyo. Darás una imagen más natural y fluida durante tu intervención.

Consejo rápido: ¿te cuesta elegir una apertura? Prueba a escribirla después de tener todo el contenido para el resto de la presentación. Adelante, construye la estructura de tu presentación, incluidas las transiciones, interactuaciones con el público y llamada a la acción. Luego crea una apertura que refleje todo eso. Pese a que podría parecer contrario a lo que dicta la intuición, así lograrás cerrar completamente el círculo de tu historia y conseguirás que, en general, tu presentación esté más cohesionada.

LA HISTORIA

¿Alguna vez has oído el relato sobre David y Goliat?

Hace miles de años hubo una batalla entre dos tribus: la de los israelitas —movidos por la fe— y los orgullosos filisteos. A medida que la batalla se alargaba, los israelitas liderados por un hombre llamado Saúl, cada vez tenían más problemas. A los filisteos los lideraba su gigantesco héroe Goliat.

Se rumoreaba que Goliat medía casi 2,75 metros. Durante 40 días, el gigante estuvo retando a diario a los exhaustos israelitas a que escogieran a un hombre para batirse con él en combate singular. El resultado del enfrentamiento entre ambos decidiría el de toda la batalla. Era una oferta interesante, pero Saúl y sus hombres tenían miedo. Nadie quería aceptar el reto de Goliat. Los israelitas estaban perdiendo precisamente lo que los había hecho tan fuertes en un principio: su fe.

El panorama no era nada bueno para los israelitas hasta que un joven llamado David dio un paso al frente: el joven pastor había ido al campo de batalla a llevar comida a sus hambrientos hermanos y oyó el reto de Goliat. Confiando en que todo es posible si se tiene fe, David le preguntó a Saúl si podía ser él quien luchara en representación de los israelitas. A pesar de que Saúl se oponía a la idea, no tenía alternativa porque todos los demás tenían demasiado miedo. No le quedaba más opción que depositar su confianza en el joven.

Armado con su fe y una honda, David aceptó el reto, para gran sorpresa de los filisteos, que pensaron: «¿Están los israelitas tan desesperados y asustados como para enviar a un niño?» Goliat, viendo que su victoria era segura, no paraba de burlarse de David y de su pueblo.

David, ignorando las burlas, no titubeó sino que, dando un paso al frente, puso su fe en Dios y en su honda. Y entonces la piedra voló directa a la cabeza de Goliat.

Al principio no ocurrió nada. Los filisteos no se creían que una pequeña piedra pudiera tumbar a su gran héroe pero… ¡bam!

Goliat cayó de bruces, lo que demostró que la fe y el valor pueden vencer incluso a los gigantes más grandes. Tras la derrota de su héroe, los filisteos huyeron rápidamente. La historia bíblica de David y Goliat ha pasado de generación en generación y se han ideado numerosas adaptaciones de ella, pero su potencia emocional permanece intacta.

Estas historias clásicas son potentes porque nos permiten identificarnos y solidarizarnos con personajes a los que amamos y que nos enseñan lecciones vitales de un modo emotivo y agradable.

Este es el verdadero poder de las historias.

Piensa en cómo han usado las historias algunos de los personajes y organizaciones más importantes de la historia reciente para impactar en la sociedad:

- Malala Yousafzai se basó en sus propias experiencias para luchar por la educación de las niñas. Así es como ha inspirado a mujeres jóvenes de todo el mundo para que estudien.

- Martin Luther King Jr. utilizó historias inspiradoras de un futuro ideal para luchar por la igualdad racial. La historia de su vida aceleró el advenimiento de los derechos civiles para todos.

- Steve Jobs utilizaba historias para explicar cómo podían los productos de Apple mejorar la vida de las personas. Sus historias inspiraban a empresarios de todo el planeta a hacer del mundo un lugar mejor.

- Walt Disney fundó un estudio cinematográfico, una empresa dedicada a contar historias en la gran pantalla. Su manera de contar historias ha influido en los narradores de historias y cineastas más brillantes de nuestra generación.

- J. K. Rowling escribió *Harry Potter*, una ficción fantástica que ha inspirado a gente de todo el mundo para disfrutar la lectura y explorar su imaginación.

¿Qué es lo que hace que una historia sea grande? Hay tres elementos:

1. El contenido y contexto emocionales de la historia

2. El héroe y el villano

3. El suspense

El contenido y contexto emocionales de la historia

Para contar una historia como es debido, lo primero es identificar su *contenido y contexto emocionales*.

Piensa en las presentaciones más memorables a las que hayas asistido. ¿Cómo utilizó el presentador las historias para:

- Entretener al público?
- Concienciar sobre una causa?
- Presentar datos de manera relevante?
- Hacer más comprensibles temas complejos?
- Inspirar al público para que haga algo?

Apelar a las emociones permite al presentador entablar una conexión más potente —y más memorable— con la audiencia.

Consideremos por ejemplo la historia de la Cody Stephens Foundation con sede en Texas (dato importante: los fundadores son amigos nuestros). Su misión es concienciar a quienes corren el riesgo de sufrir un paro cardíaco súbito. La fundación ayuda a los distritos escolares de Texas a desarrollar un programa de chequeo por medio de electrocardiogramas, proporciona reconocimiento médico a atletas que cursan estudios medios y de bachillerato, y forma a estudiantes jóvenes y sanos sobre los peligros del paro cardíaco súbito.

Piensa en cómo pediría un donativo un presentador novato y cómo lo haría uno con experiencia.

PRESENTADOR NOVATO

¿Sabes lo que es el paro cardíaco súbito? El corazón de repente deja de latir como debe y la víctima sufre un infarto. Según las estadísticas, esta es la primera causa de muertes no provocadas por accidente entre los atletas en edad escolar. Y, lo que es más sorprendente todavía: el 1,6 por ciento de los atletas en edad escolar padecen sin saberlo una dolencia cardíaca que podría acabar en paro cardíaco súbito. Sin embargo, se puede prevenir. La gente no nace con esta afección y tampoco se debe al bloqueo de una arteria. Lo único que hace falta para detectarla es un electrocardiograma (ECG). Nuestra fundación ayuda a los colegios de Texas a que a los atletas en edad escolar se hagan electrocardiogramas a precios económicos. Confiamos en que considerarás hacer un donativo para ayudar a prevenir muertes futuras por paro cardíaco súbito entre los atletas en edad escolar.

Una información genial, pero ¿cómo lograr que el público se interese a un nivel más profundo? Sobre todo si una persona nunca ha sido atleta durante sus años escolares ni conoce a nadie que haya muerto por paro cardíaco súbito.

Dejemos que el presentador experimentado haga la prueba a ver qué tal:

PRESENTADOR EXPERIMENTADO

El 6 de mayo de 2012, a Cody Stephens le faltaban unas semanas para graduarse en el instituto de Crosby y estaba deseando presentar su cerdo, su novillo y su cordero en la Feria y Rodeo de Crosby que se celebraría en junio. Además contaba los días que le faltaban para empezar sus estudios en la Universidad Estatal de Tarleton que le había concedido una beca de fútbol americano, así que estaba esforzándose mucho por mantener la buena forma física.

Con sus más de dos metros de altura y 130 kilos de peso, era la viva imagen de la salud. Ese domingo por la tarde, Cody llegó a casa, dijo que estaba cansado, se reclinó en el sillón de su padre y echó una cabezada. Nunca se despertó. Murió mientras dormía de una dolencia conocida como paro cardíaco súbito, una enfermedad de la que su familia jamás había oído hablar. No tenían ni idea de que muchachos jóvenes y aparentemente sanos pudieran correr el riesgo de padecerla, sin que se produjeran apenas síntomas.

El paro cardíaco súbito es la primera causa de muerte no accidental entre los atletas en edad escolar. Y, más sorprendente todavía, el 1,6 por ciento de los atletas en edad escolar padecen sin saberlo una dolencia cardíaca que podría acabar en paro cardíaco súbito.

La muerte de Cody se habría podido evitar. La gente no nace con esta enfermedad y no se debe a un bloqueo de las arterias. Para detectarla, basta con hacerse un electrocardiograma. Nuestra fundación se creó en honor a Cody para evitar las muertes por paro cardíaco súbito. Ayudamos a los colegios de Texas para que los atletas en edad escolar se hagan electrocardiogramas. A Cody no lo pudimos salvar. Confiamos en que consideres hacer un donativo para ayudarnos a salvar a otros chavales.

Si comparamos las dos presentaciones, se ve fácilmente que la segunda es más impactante. Por más que resulta obvio para los que escuchan que el paro cardíaco súbito es un asunto serio, les resulta difícil identificarse con el tema salvo que conozcan algún caso de primera mano. Contar la historia de Cody hace posible esa identificación. *Es contenido emocional.* Ese es el efecto mágico que produce mezclar historias con estadísticas. Cuando alguien adopta un enfoque global y lo sitúa a nivel humano, es más fácil de comprender y es más fácil identificarse. Puede que las personas que forman el público quizá no hayan conocido jamás a nadie que padeciera paro cardíaco súbito pero, después de oír la segunda presentación, lo más probable es que quieran ayudar a prevenir que les pase lo mismo a otros atletas.

CÓMO CREAR UN CONTEXTO EMOCIONAL

- *Habla de experiencias personales que los miembros del público entiendan y con las que se puedan identificar, que sean relevantes a sus vidas.* Esto exige bastante trabajo a nivel de estudio demográfico de la audiencia a la que te diriges.

Por ejemplo, si Kenny se dirigiera a un grupo de presentadores preocupados por tener que hablar en público, podría contar una historia sobre la primera vez que tuvo que hablar ante un grupo grande de personas. Podría sencillamente describir lo asustado que estaba y cómo superó su miedo y pronunció un buen discurso. Así logrará que los que lo escuchan sientan que no están solos.

- *Si presentas datos, establece la conexión entre el tema y el público.* Identifica cómo se relaciona directamente tu contenido con los asistentes a la presentación, cómo les afecta. Si el tema no está relacionado directamente con ellos, encuentra la manera de humanizar el tema que tratas para crear un escenario en el que les muestres cómo podría afectarles. Si se trata de una causa, asegúrate de hablar del mejor y el peor de los casos posibles.

Por ejemplo, digamos que estuvieras recabando fondos para una organización sin ánimo de lucro que ayuda a reconstruir casas afectadas por los desastres naturales. Si estuvieses hablando con gente a la que le interesa hacer un donativo, una manera fantástica de comunicar el alcance del impacto sería decir: «Hemos recibido más de un millón en financiación procedente de la comunidad este año; esto nos ha permitido ayudar a 40 familias para que reconstruyan sus casas. Un total de 200 desplazados tienen ahora un hogar. Con una contribución de [cantidad de dólares], podrás ayudar a [número] personas. Además, esto a su vez reducirá [cuestiones que sea positivo reducir, como las tasas de criminalidad o de personas sin techo]».

- *Haz que la imaginación del público eche a volar.* Sé descriptivo en tu relato. Prepara el terreno (habla de cuando conociste a tu pareja o a tu mejor amigo). Describe el entorno físico junto con todos y cada uno de los sentimientos y emociones. Rememora qué día hacía, el tiempo, los sonidos, hasta los olores. Cuantos más sentidos puedas implicar en tu historia, más potente será la reacción de la audiencia.

- *Cuenta chistes.* Una buena carcajada puede hacer que se libere la tensión en la sala. Una de las mejores maneras de romper el hielo con el público es ser gracioso; cuenta un chiste, haz un comentario irónico o cuenta una historia de una situación un tanto embarazosa. Lo mejor es reírse de uno mismo. Tampoco viene mal conocer a unas cuantas personas entre los asistentes que seguro que se ríen. A fin de cuentas, la risa es algo contagioso.

Si bien crear un contenido excepcional es fundamental para llegar al corazón del público, el *contexto adecuado* determina hasta qué punto te lo abrirán. Piénsalo: si estuvieras en un pícnic muy divertido y alguien te contara una historia triste, no pensarías: «¡Ay, gracias por la información! Pero ¿no me lo podías haber comentado en otro momento más oportuno?» El contexto es clave. La eficacia de tu historia depende de cuándo, dónde y cómo se cuente.

El consejo de Kenny

Cuando decimos «cómo se cuente», nos referimos a servirse de acciones físicas y vocales que se correspondan con tu contenido emocional. ¿Te puedes imaginar oír una historia increíble en un tono monótono? No, ya me imaginaba que no. Más allá de compartir un contenido interesante, los grandes narradores de historias incorporan pausas, inflexiones de voz y gestos de las manos cuando comparten un relato.

El héroe y el villano

Una gran historia siempre cuenta con grandes personajes: *el héroe y el villano.*

El héroe

El héroe es el protagonista de la historia, el que lucha por algo que es beneficioso para el público. A la hora de caracterizar a tu héroe, averigua cuáles son los valores de la audiencia a la que te diriges. Averigua qué quiere, qué necesita, qué la motiva, y si ha experimentado sentimientos similares a los de tu héroe. Eso le ayudará a conectar emocionalmente con el personaje.

Si estás contando una historia con la que te propones animar al público a hacer algo después, es importante que quienes te escuchan:

1. Conecten con tu héroe

2. Comprendan qué deben hacer después (llamada a la acción)

3. Se les recuerde constantemente en qué se beneficiarán ellos —y el mundo— si el héroe gana

El mensaje con el que se queda el público tras escuchar una buena historia empresarial es algo así: si el héroe tiene éxito y el público hace X (puede ser algo tan sencillo como realizar una compra o difundir un mensaje), entonces el mundo logra Y (el principal beneficio que ofrece tu empresa al mundo).

El villano

Todo héroe necesita un villano que esté a su altura. Tanto si es Goliat como si se trata de una dolencia tan seria como el paro cardíaco súbito, el villano es el «problema» de la historia. Tu trabajo como narrador de la historia es mostrar al público la gravedad del (de los) problema(s) que tiene que superar tu héroe y lograr que les importe *por qué* tu héroe necesita derrotar al villano. El nivel de gravedad dependerá de lo que esté en juego en la historia.

El público debería sentir una conexión tanto con el héroe como con el villano. Como narrador de la historia, tu trabajo consiste en presentar las posibilidades de interactuación entre el problema (el villano) y la solución (el héroe), abordar la confrontación entre los dos y proponer una resolución potencial para *ambas* partes.

Si no hay villano a quien derrotar, el público se queda sin motivación para lograr un objetivo. Tu villano debe desafiar constantemente el éxito del héroe y de tu audiencia. Si tu villano es un flojo fácilmente eliminable sin la ayuda del público, puede que hasta se revele contra ti y te reproche que le hayas hecho perder el tiempo.

Un ejemplo magnífico de todo esto es la intervención de Steve Jobs en la Conferencia de Ventas de Apple de 1983 en la que presentó el célebre anuncio para la Super Bowl titulado «1984» y desveló el Macintosh:

1983. Apple e IBM emergen como los competidores más fuertes del sector con facturaciones de ordenadores personales de aproximadamente 1.000 millones de dólares cada uno en 1983. Los dos invertirán más de 50 millones de dólares en I+D y otros 50 millones en publicidad en televisión en 1984, con lo que en total ambos suman casi 250 millones de gasto.

La conmoción está en pleno apogeo. La compañía más importante entra en bancarrota y hay otras al borde del precipicio. Las pérdidas totales del sector en 1983 incluso se acercan al beneficio conjunto de IBM y Apple en el segmento de los ordenadores personales.

Ahora estamos en 1984. Parece que IBM lo quiere todo. Apple se percibe como la única esperanza de que alguien le pare los pies a IBM. Los distribuidores que al principio recibieron a IBM con los brazos abiertos ahora temen un futuro dominado y controlado por IBM. Cada vez más y con mayor desesperación, esos distribuidores se vuelven hacia Apple como la única fuerza capaz de garantizar su libertad futura.

(continúa)

IBM lo quiere todo y está apuntando con la artillería al último obstáculo que le impide controlar el sector: Apple. ¿Dominará Big Blue por completo el sector de la informática, la era de la información? ¿Tenía George Orwell razón sobre 1984?

Jobs prepara el terreno con IBM como villano y Apple como héroe; Apple es David mientras que IBM es Goliat. Presentar a los personajes de esta manera crea una conexión emocional entre el público y Apple, y evoca el miedo y la sospecha en relación al rival IBM.

El público quiere un final, un momento álgido entre los dos bandos. ¿Qué va a pasar ahora?

El suspense

Cuando cuentas una historia, tu objetivo es mantener la atención del público; pero mantener la atención de la audiencia no es únicamente cuestión de ser interesante. Hazle a tu público la promesa silenciosa de que sentirá algo al final de tu historia. Eso lo mantendrá intrigado, a la espera de que se resuelva alguna cuestión o se revele alguna idea. La audiencia quiere la respuesta, pero no necesariamente de inmediato.

Anhelamos el asombro y el misterio en las historias y, como: *dándole al público algo en lo que interesarse*. Si a la audiencia le interesa por qué lucha tu héroe, le interesarán los retos a los que tenga que enfrentarse. Asegúrate de que el público sabe lo que puede ocurrir si el villano sale vencedor. Cuanto más esté en juego, más les importará lo que les pase a los que te escuchan.

- *Reta constantemente a tu héroe*. El público nunca debería sentirse relajado durante la historia. Sigue lanzando obstáculos en el camino del héroe. Cuando mejor funciona esto es cuando la audiencia tiene un interés a nivel emocional en el bienestar del héroe. Además, con esto también demostrarás que tu héroe puede lidiar con la adversidad y seguir avanzando para beneficio del público. Simplemente debes asegurarte de que los retos no se resuelvan inmediatamente, pues eso puede hacer perder su atención.

- *Identificar un arco argumental*. Mantén el suspense haciendo que la historia se desarrolle poco a poco. Sigue un arco argumental. Este es un buen ejemplo de un argumento en esquema:
  - *Introducción*: presenta a los principales personajes de la historia.
  - *Conflicto*: presenta al villano y el conflicto de la historia.

- *Acción en aumento*: describe las interacciones de tu héroe y tu villano. Deberían desafiarse mutuamente. Debería quedar claro lo que ocurrirá si gana uno y qué pasará si gana el otro.
- *Clímax*: céntrate en el mayor punto de inflexión para el héroe, por lo general cuando da el paso más grande para alejarse de su zona de confort.
- *Acción en declive*: encamina la historia hacia la resolución.
- *Resolución*: desvela el resultado final. ¿Ha ganado el héroe o el villano? A veces, si se requiere que participe el público, la resolución no queda clara inmediatamente.

Nosotros usamos la historia sobre los orígenes de Big Fish en las presentaciones que hacemos para clientes nuevos. A fin de ilustrar el arco argumental, mira cómo desvelamos y caracterizamos al villano y al héroe, y cómo utilizamos el suspense.

- *Introducción*: ¿de dónde viene el nombre de Big Fish Presentations? Bueno, hace cuatro años, una noche de tormenta de enero de 2011, mi socio cofundador Gus Murillo y yo asistimos a la presentación más aburrida de nuestras vidas. Fue durante una reunión de una organización estudiantil en la que un ejecutivo de la Fortune 500 nos dejó sin palabras con su presentación… pero no en el buen sentido.
- *Conflicto*: recuerdo que estábamos entusiasmados con la idea de asistir a la charla de ese tipo, pero hete aquí que subió al escenario, empezó a hablar y ni mis ojos ni mis oídos daban crédito. Venía con 200 diapositivas de texto puro y duro. Pero a ver, venga ya, todos hemos visto algo así alguna vez: el típico ponente que tiene grandes ideas pero es incapaz de comunicarlas. Y para empeorar todavía más las cosas, el tipo se respondía a sus propias preguntas, leía las diapositivas e incluso se reía de sus propios chistes.

- *Acción en aumento:* me dije a mí mismo: «Las presentaciones nunca son mucho mejores que esto» y entonces lo vi claro de repente: «*¿Es este de verdad el futuro de las presentaciones?*» Sentado allí durante tres horas, completamente perdido, tuve una idea descabellada: ¿y si existiera una empresa que pudiera ofrecer gran diseño y además ayudar a los ponentes a exponer mejor? Sentí que si las mayores empresas del mundo hacían sus presentaciones así, seguramente nadie se enteraría de la próxima gran idea. Si hubiera una empresa que lograse sincronizar comunicación y diseño, el resultado sería unas presentaciones mucho más impactantes.

- *Clímax:* el momento en el que nace Big Fish Presentations.

- *Acción en declive:* nuestro propósito es, ni más ni menos, contribuir a librar al mundo de las presentaciones aburridas. Puede que nuestros clientes sean «peces pequeños» con grandes ideas pero, con nuestro trabajo, les ayudaremos a presentarlas como los «peces gordos» o *big fish*. Gus y yo decidimos saltar al vacío y desarrollar nuestra descabellada idea.

- *Resolución:* hasta la fecha, hemos ayudado a empresas de todos los tamaños —desde compañías de la Fortune 100 hasta *startups* recién creadas— a ofrecer a su público una experiencia, combinando para ello el diseño en las presentaciones, la exposición del mensaje

en sí y la producción del vídeo. Si trabajamos juntos, podemos ayudarte.

En lo que se refiere a contar historias o hacer una presentación en general, tu trabajo es mantener al público implicado activamente. Crear suspense es un juego de generación de impulso que lleva a la audiencia a través de toda una serie de altos y bajos. Tus historias deberían evocar múltiples emociones. Ahora bien, mantener al público con el

alma en vilo, la cabeza yéndole a mil por hora y los ojos como platos requiere un cierto nivel de interactuación. Para crear suspense debes evitar la monotonía y mantenerte a un ritmo demasiado constante. Lo último que quieres es volverte previsible. Nuestros ojos y oídos identifican los patrones rápidamente. Esto significa que tu público acabará identificando tu patrón, ajustándose a él y pasando por alto los detalles o directamente desconectando.

En esencia, toda presentación es una historia bien construida. Usar los tres principios de la narración de historias contribuirá a que la audiencia se relacione con el contenido y el contexto de tu historia, quiera al héroe y odie al villano, y se enganche al suspense. Todos estos elementos se complementan para ayudarte a convencer al público de tus ideas.

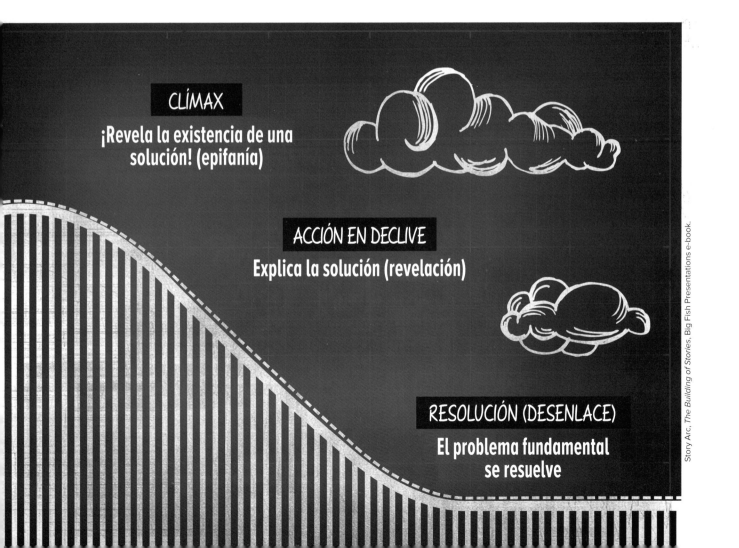

CLÍMAX

¡Revela la existencia de una solución! (epifanía)

ACCIÓN EN DECLIVE

Explica la solución (revelación)

RESOLUCIÓN (DESENLACE)

El problema fundamental se resuelve

Story Arc, *The Building of Stories*, Big Fish Presentations e-book.

DATOS

En este capítulo hemos hablado mucho de cómo construir el aspecto narrativo de tu presentación. Hay una historia en todo, hasta en los datos. Mostrar datos no tiene por qué ser aburrido, monótono o lioso. Sencillamente tienes que usar tu imaginación. Te podemos decir que este libro se ha escrito para plasmar nuestros conocimientos y comprensión fundamentales sobre presentaciones, o te podemos decir que este libro es la inteligencia colectiva de un grupo de personas que se han pasado varios años trabajando en cientos de presentaciones, que han invertido cientos de horas en el desarrollo de presentaciones reales que ayudan a ilustrar la información que contiene el libro. ¿Cuál de los dos enfoques suena mejor?

Hazlo relevante

Lo primero es lo primero: cuando presentes datos, como con todo lo demás, es importante que los hagas relevantes al mensaje y a tu público. Reevalúa tu contenido constantemente. Pregúntate: «¿Por qué iba la audiencia a interesarse por esto?» Es importante que conozcas la respuesta. Tienes que ser capaz de explicar al público por qué estos datos deberían ser importantes para él. Un gran ejemplo es el famoso comunicado de prensa lanzado por IBM en 2008 sobre el lanzamiento de su nuevo superordenador ultrarrápido Roadrunner, que podía realizar 1.000 billones de operaciones por segundo. ¿Cómo podría cuantificarse ese hecho de modo que tuviera sentido para el ciudadano medio? Hay que eliminar la jerga técnica que podría alienar a la mitad del público y sustituirla por un lenguaje accesible con el que todo el mundo conecte. La gente de IBM convirtió el hecho en algo relevante diciendo: «Si le dieras a toda la población de la Tierra —unos seis mil millones— una calculadora y los pusieras a hacer una operación por segundo, tardarían más de 46 años en hacer lo que Roadrunner en un día». Increíble, ¿no? La gente

SE HAN HECHO ESTUDIOS,
¿SABES? EL SESENTA POR CIENTO
DE LAS VECES FUNCIONA SIEMPRE.

BRIAN FANTANA,
El reportero: La Leyenda de Ron Burgundy

que es muy técnica es capaz de comprender la estadística inicial, pero al resto nos suena a chino. Si logras convertir tus estadísticas de alto nivel en algo que la gente pueda entender, a nivel individual o general, estarás llenando un vacío con impacto en estado puro.

El consejo de Kenny

Evita la jerga. La jerga específica de un sector puede alienar al resto. Y también es bueno mandar al destierro las frases y palabras manidas —«pensar fuera de la caja», «de última generación» o incluso «innovador»— de tus presentaciones. Utilizar demasiada jerga puede hacer que parezca que estás intentando compensar una falta de conocimientos sobre el tema del que estás hablando.

Dales en los sentimientos

Si quieres que la gente os recuerde a ti y tu mensaje, tienes que hacer que sientan algo. Por ejemplo, cuando Hans Rosling dio su charla TED «Las mejores estadísticas que hayamos visto» sobre el avance del desarrollo mundial, poco a poco y con mucha pasión fue profundizando en los hechos, habló de lo que significaban aquellas cifras para la humanidad en general y despertó en el público un gran interés. Con la pericia oratoria de un predicador experimentado, Rosling confeccionó una historia que trascendía el espacio y el tiempo. Llevó a la audiencia en un viaje, hizo posible que quienes lo escuchaban comprendieran los datos hasta el punto de poder relacionarse con ellos y dejar que esos datos los tocaran.

Cuando incorpores datos a tu presentación, pregúntate a ti mismo:

- ¿Quién es mi público?

- ¿Son los datos relevantes para mi público y mi tema?

- ¿Se presentan los datos de manera sencilla y con pleno sentido?

- ¿Puedo lograr una respuesta emocional mostrando los datos?

- De toda mi presentación, ¿con qué se quedará el público?

Si respondes a todas estas preguntas de manera precisa y con confianza, entonces es que vas por buen camino para presentar los datos de un modo divertido e interesante. Al final de tu charla, tu audiencia tendrá una comprensión más profunda de la información que has presentado. A veces no basta con simplemente decir algo. A veces hace falta aportar datos sólidos que respalden esa afirmación. Si eres capaz de corregir la habitual desconexión que se produce cuando se aportan datos informativos y estadísticas, ayudarás al público a comprender verdaderamente tu mensaje. En vez de dejar a la gente devanándose los sesos tratando de dar sentido a las estadísticas y los porcentajes, se marcharán con una visión más amplia en mente, una visión que tú habrás compartido con ellos. En vez de números, verán ideas. En vez de hechos, tendrán conocimiento. En vez de asistir a una presentación, se habrán zambullido en una experiencia.

El consejo de Kenny

Si te diriges a un público que no conoces y es difícil establecer bien su perfil demográfico antes del día del evento, pregúntate:

- ¿Puedo presentar los datos de manera que a la gente le importen?

- ¿Puedo mostrar cómo afectan los datos a sus vidas diarias?

- ¿Puedo contar una historia sencilla que explique su importancia?

Respondiendo a estas preguntas incrementarás las probabilidades de que tus datos lleguen a las personas de diferentes perfiles demográficos que pueda haber entre el público.

LLAMADA A LA ACCIÓN

Necesitas saber por qué haces lo que haces. Lanzar una llamada a la acción es la razón por la que estás dando la presentación. Sin una llamada a la acción, no tiene ningún sentido que subas al escenario. Una buena llamada a la acción debería suponer un desafío para quienes te escuchan y hacerles sentir que han crecido de algún modo tras haber respondido a ella. Lo primero que tienes que hacer es descubrir *cuál es el motivo* de tu presentación y cómo esa presentación plantea un reto a la manera de pensar del público.

Este reto es tu llamada a la acción. La gran idea y la llamada a la acción van de la mano. La gran idea es el avance de tu llamada a la acción. Cuando estés estructurando tu contenido en torno a una llamada a la acción pregúntate:

- ¿Qué conocimientos tiene el público antes de que le lance mi llamada a la acción?

- ¿Qué información nueva le estoy dando que le ayudará a tomar una decisión?

- ¿Qué es lo más importante que tiene que saber la audiencia para tomar una decisión?

- ¿He logrado darle toda la información que necesita para tomar una decisión?

- ¿Cuáles son los principales obstáculos que le impedirán responder a mi llamada a la acción?

- ¿Qué aporta mi llamada a la acción al público?

Ya puedes estar exponiendo un mensaje único y claro, hablar con elocuencia, comunicar bien e interactuar con el público y hacerlo con el respaldo de unas trasparencias preciosas, que no servirá de nada si no invitas a quienes te escuchan a pasar a la acción de algún modo. A fin de cuentas, ¿cuál es el objetivo de tu presentación? Todos presentamos para provocar un cambio real y pleno de sentido. Queremos influir en la gente y hacer que el mundo sea un lugar mejor. ¿Y cómo lo hacemos? Tenemos que imbuir en nuestro público un sentido de propósito. Tenemos que imprimir en quienes nos escuchan un sentido de necesidad. Tenemos que crear una llamada a la acción.

A lo largo de la presentación, captas las miradas de la audiencia con tus diapositivas; creas una conexión con el público, los intrigas lo suficiente como para que escuchen lo que sea que tengas que decirles; les cuentas una historia, los transportas mentalmente y les haces cambiar de perspectiva; los fascinas con tu mensaje y los conmueves lo suficiente como para que piensen y sientan de determinada manera. Ahora bien, si no hay una dirección en la que avanzar, todo esto será en vano. La llamada a la acción es lo que le indica la dirección al usuario. A lo largo de la presentación, hay dos momentos en los que se puede introducir una llamada a la acción.

La primera vez que aludes a ella es durante la declaración de tu tesis, momento en el que puedes describir brevemente el propósito de tu charla. Debes ser claro respecto a lo que estás intentando conseguir. Si te propones recabar fondos, empieza por mencionar que tienes una idea en la que crees y que confías en convencer al público de su mérito para cuando llegues al final de tu presentación. La gente apreciará tu sinceridad y estará más dispuesta a escucharte.

La segunda vez que presentes tu llamada a la acción será hacia el final de tu presentación, después de haber expuesto tu último argumento, pero antes de la conclusión oficial de tu intervención. En este segundo momento puedes hacer una breve recapitulación de tus argumentos, resumiendo los temas más importantes que has tocado. Una vez le hayas recordado al público lo que les has contado, puedes relacionarlo con la llamada a la acción. Esta transición puede resultar complicada. De repente, le estás hablando directamente, has abandonado el terreno de lo hipotético. Aquí es donde transformas las ideas en acciones.

Esto se puede hacer de varias maneras:

- *La pregunta* o el «gran interrogante» requiere del público que piense en lo que está haciendo sobre el tema. Es una llamada menos exigente que permite a la gente decidir por sí misma y sin ninguna presión prácticamente. En vez de decir a quienes te escuchan que hagan algo, sencillamente les estás pidiendo que piensen. De este modo, les ofreces una oportunidad pero les dejas a ellos la capacidad de decidir, algo que les confiere poder.

   Ejemplo: «¿Cuándo vas a poner tu granito de arena para luchar contra el hambre en el mundo?»

Así que vete a casa esta noche y pregúntate: «¿Qué haría si no tuviera miedo?»

SHERYL SANDBERG

Directora de Operaciones de Facebook

- *La petición* apremia al público para que pase inmediatamente a la acción. Cuando más eficaz resulta es cuando el tiempo es una cuestión a considerar. Recuerda que siempre es mejor ser firme que ser agresivo. No se trata de obligar a la audiencia a hacer nada sino más bien de presentarles un panorama en el que la elección que se plantea es evidente y, en función de ello, la credibilidad que hayas adquirido puede hacer que el público se decante por actuar en virtud de tu recomendación.

    Ejemplo: «En el actual mercado laboral, o te creas tu propia marca o estás muerto».

- *La oferta* da algo al público inmediatamente a cambio de su acción. A la gente le cuesta rechazar un trato fácil así que, al ofrecerles un premio garantizado de algún tipo, estás animándolos a que actúen a tu favor. Esto funciona para ventas a plazo más corto en las que le haces a la audiencia una «oferta que no puede rechazar».

    Ejemplo: «Si te apuntas hoy, recibirás la tarjeta Visa de regalo y un billete de ida y vuelta a Sídney, Australia».

Recuerda que cuanto más específico seas, mejor. Lo último que quieres son malas interpretaciones. Sé tan directo como sea posible. Si quieres algo, ¡pídelo!

Crear y poner en práctica una llamada a la acción no es fácil. Lo último que quieres es achuchar o agobiar, y tampoco se trata de parecer arrogante ni dar la sensación de estar desesperado. Por otro lado, no quieres que tu presentación sea una pérdida de tiempo. Necesitas lograr algo pero con elegancia.

Nuestra filosofía se basa en la idea de que siempre deberías ser lo más honesto posible con el público. Ser completamente transparente solo puede contribuir a mejorar los resultados tras tu llamada a la acción. Hay un aspecto de nuestra filosofía que surge de una teoría muy conocida de Simon Sinek: su charla TED «Cómo los grandes líderes inspiran la acción» se centra en la idea de que las empresas deberían identificar el «porqué» de su negocio antes de ponerse a pensar en el cómo o el qué de lo que hacen. Las presentaciones mediocres solo hablan del qué y el cómo. Identifica los tres elementos, empezando por el «porqué», para ganar credibilidad, y luego ya podrás apretar el gatillo con una llamada a la acción atrevida. Al responder al por qué, el qué y el cómo, y no solo al qué, estás creando una conexión emocional con tu público. Como la gente basa más sus decisiones en la emoción que en la lógica, el eco de tu llamada a la acción resonará todavía con más fuerza.

Acuérdate también de que no pasa nada por ser un poco creativo en las llamadas a la acción. En la mayoría de los casos, incorporar objetos, vídeos, imágenes o cualquier otro tipo de elemento en la presentación te hará caer mucho mejor al público. Será una señal de la transición hacia la llamada a la acción y también hará que la pregunta, petición u oferta resulte más evidente y memorable. Sé diferente. Destaca. Es el momento de poner todas tus cartas sobre la mesa, mirar a la gente a los ojos y convencerlos de que merece la pena respaldar tu causa o tu idea. Es tu oportunidad de convertir tu planificación, tu práctica y tu actuación en resultados tangibles.

Haz que ocurra.

El consejo de Kenny

Si estás trabajando con una llamada a la acción al final, tu argumento podría perder fuerza. Tu llamada a la acción debe ser el alma de la presentación, siendo el cuerpo el contenido que la respalda.

Me llamo Maysoon Zayid y, si yo puedo, ustedes también pueden.

MAYSOON ZAYID
Monologuista y activista

Robin Marchant / Getty Images

ESTRUCTURA

Cuando montes tu presentación, es importante que crees una estructura que permita que tus argumentos fluyan fácilmente uno detrás de otro. Si vas demasiado deprisa, tu público podría perderse o los podrías confundir. Y si te recreas demasiado en un tema, puede acabar aburriéndose y desconectar. Si tu estructura no está diseñada para captar el interés rápidamente, crear transiciones fluidas y plantear un cierre potente, la presentación perderá fuelle. Por eso es tan importante que la planifiques de antemano, por lo menos hasta cierto punto. Estructurar tu presentación como es debido te ayudará a mantener una ejecución fluida, preservar la fuerza del mensaje y conservar la atención del público. Ponerte a presentar sin estructura es como conducir sin volante: tienes todo lo que necesitas para moverte, pero careces del menor control sobre hacia dónde te diriges. No queremos que te pase eso. Un buen modo de mantener tu mente centrada y tu audiencia enganchada es crear una hoja de ruta mental, que es un esquema de tu presentación preparado de antemano para poder ir remitiéndote a él a medida que vas hablando. Tu hoja de ruta incluye una apertura poderosa, transiciones fluidas y un cierre potente. Tener esta dirección clara te permite navegar fácilmente a través de tu presentación sin divagar. También te ayudará a gestionar tu tiempo, algo que es absolutamente crucial. Si no dedicas el tiempo suficiente a cada sección, podrías saltarte o pasar por alto puntos importantes. Simula los primeros momentos en el escenario. Elige las frases exactas que usarás para las transiciones. Planifica cómo concluirás.

Usa la regla del tres para ayudar al público a recordar los principales mensajes a retener. Si puedes dividir el contenido en tres puntos principales, la facilidad con que se recuerde tu presentación crecerá exponencialmente. Claro está: hay temas para los que no se puede aplicar esta regla, pero es muy útil para la mayoría de los discursos. Antes de compartir tus argumentos principales, prepara a tu público con una declaración del tipo: «En los próximos 25 minutos vas a aprender tres formas innovadoras de presentar mejor de lo que lo hayas hecho jamás». Decir algo así, no solo capta la atención de tu audiencia sino que además les da un marco de referencia para tu presentación. Como decía Dale Carnegie: «Dile al público lo que vas a decir, dilo, y luego diles lo que has dicho». Una declaración poderosa a modo de apertura prepara al público para tu mensaje, y un cierre memorable lo reafirma. La combinación de ambos da peso a tus palabras y hace que las ideas permanezcan flotando en la mente de las personas durante y después de la presentación.

El consejo de Kenny

Así es como se introduce un avance de los temas: no digas enseguida cuáles son tus argumentos principales; no le estropees la sorpresa al público. Incluye la recompensa (lo que quienes te escuchan pueden ganar si ponen en práctica los argumentos principales). Por ejemplo: «En X minutos (siendo X la duración estimada de la presentación) aprenderás Y maneras (siendo Y el número de argumentos principales de la presentación) de hacer Z (siendo Z tu tesis, tu declaración o tu avance de la llamada a la acción). Todo esto mantiene al público con ganas de más.

Esta es la estructura que recomendamos:

- *Introducción*
  - Apertura (historia, pregunta, estadística, chiste, cita o elemento que capte la atención)
  - Explicación de la apertura (¿cómo se relaciona la apertura con el tema de la presentación?)
  - Avance de los temas (proporciónale al público una hoja de ruta)
  - Enunciación de tu tesis (avance de la llamada a la acción)

- *Puntos principales 1-3*
  - Texto que sustenta el enunciado de tu tesis
  - Declaraciones de transición que identifican cuándo pasar de un punto principal a otro
  - *Recapitulación de temas*. Breve recapitulación de los principales puntos y de cómo se relacionan con la llamada a la acción

- *Llamada a la acción*

- *Conclusión*. Cierre (historia, pregunta, estadística, chiste, cita, etc. No se aportan datos nuevos en la conclusión)

Deberías profundizar en todo esto, sobre todo en los puntos principales. Trabajar a partir de una estructura clara como esta te ayudará a diseñar tu presentación. Puedes crear diapositivas que hablen al público de dónde se encuentra en la presentación y de lo que cabe esperar. Una estructura clara ayuda a la audiencia tanto —o más— que al propio ponente.

Un ejemplo excelente de estructura es el inicio del famoso discurso que dio Steve Jobs en Stanford. Jobs hizo u... de su presentación diciéndole al público que iba a co... historias. Al final de cada historia, compartió el correspondiente mensaje.

Otro ejemplo es el discurso de graduación que pronu... almirante William H. McRaven en la Universidad de ... 2014. En su intervención, McRaven señaló diez punto... principales sobre cómo el entrenamiento de los SEAL ... Marina se traduce en éxito en la vida.

Ambos oradores ofrecieron al público un avance de lo q... cabía esperar en el transcurso de sus presentaciones.

Hemos hablado de usar una hoja de ruta mental, gestio... tiempo dedicado a las distintas secciones utilizando la re... del tres y de preparar a la audiencia. Estos son los elementos que forman una presentación estructurada, pero la manera en que los uses depende completamente de tu estilo personal. Haz lo que te vaya mejor a ti. ¿En qué orden te gustaría a ti escuchar la información? ¿Cómo te gustaría que fueran el ritmo, el tono y el fluir de la intervención en general, no como orador sino poniéndote en el lugar del público? A menudo nos olvidamos de que la audiencia está formada por personas como nosotros, que es por lo que, cuando se esté desarrollando una presentación, siempre es bueno preguntarse: «¿Me gustaría a mí?»

...e Kenny

...ía aplicarse no solo a tus ...u presentación. Usa la ...a sección como punto de ...seño y exposición.

...de inyectarle suspense ...ión:

...e los temas, haz una ...ximos 45 minutos ...orar tu vida». Has ...usque esos tres puntos

- *En el diseño.* Poner una única idea en cada diapositiva evita que los que escuchan se te adelanten. Los mantiene implicados activamente a medida que vas revelando tus ideas.

- *En la exposición.* Justo antes de exponer un punto, haz una pausa. Si se hace bien, eso generará un momento de tensión.

FRASES QUE SE QUEDAN GRABADAS

Ser memorable consiste en destacar por un motivo concreto y potente. Se trata de ser único, de impactar. Utilizando un lenguaje potente puedes comunicar ideas que sean capaces de soportar el paso del tiempo. Años después de tu presentación, tal vez se sigan citando tus palabras.

Nos acordamos de ciertas palabras y frases porque significan algo para nosotros. Así que, para ser memorable, tienes que aportar sentido. Debes elegir tus frases de manera que hagas al público no ya solo pensar sino también sentir algo. Tienes que encontrar la esencia de la idea antes de poder albergar la esperanza de que esta tenga sentido y por tanto sea memorable. Las citas que más impacto causan son las que hablan de una gran idea pero de modo conciso y directo. Te vendrá bien acordarte de esto cuando escribas tus presentaciones.

Carmine Gallo, autor del superventas *Las presentaciones: secretos de Steve Jobs: cómo ser increíblemente exitoso ante cualquier auditorio* dice que una regla general para escribir frases memorables es que no pasen de 140 caracteres como mucho[3]. Así se consigue que el mensaje sea corto, memorable y fácil de compartir. Piensa en una gran frase como en algo que te gustaría ver y compartir en Twitter o Facebook.

Otra manera de concebirlo es a través de eslóganes o frases de broche final. Piensa en tus marcas favoritas. Por ejemplo, ¿qué ordenador tienes? ¿Hay alguna marca en particular a la que le compres tus zapatos, camisas o comida? Tomemos Disneyland como ejemplo: su eslogan es «El lugar más feliz del mundo». Disneyland destiló su propósito hasta reducirlo a una única frase.

Estas son algunas de nuestras frases memorables favoritas:

Sé el cambio que quieres ver en el mundo.
MAHATMA GANDHI

Nuestros libros y nuestros bolis son las armas más poderosas.
MALALA YOUSAFZAI

Todas las personas que conozcas a lo largo de la vida sabrán algo que tú no sabes.
BILL NYE

Tu educación es un ensayo general con trajes de la vida que te pertenece y de la que te toca llevar las riendas.
NORA EPHRON

Si quieres cambiar el mundo, empieza por hacerte la cama.
ALMIRANTE WILLIAM H. MCRAVEN

(continúa)

Citas como estas son muy memorables porque dicen mucho en pocas palabras. La clave es simplificar una idea compleja. Esto no significa que toda tu presentación debería girar en torno a unas pocas palabras, pero sí que significa que unas pocas palabras pueden hacer la presentación entera mucho más memorable. Tu objetivo es que la presentación dé que hablar, que se comente, comparta y utilice como referencia y guía. Lo bueno es que se entienda y transfiera con facilidad. El mensaje a extraer debe ser sencillo y atrevido. Lo que te interesa es crear algo que se pueda explicar en una frase pero de lo que se hable durante años.

Así pues, ¿cómo crear frases mágicas? La mejor manera de escribir una buena frase es asegurarse de que el resto de tu

Gandhi, Omikron Omikron/Science Source/Getty Images; Bill Nye, NASA/GSFC/Bill Hrybyk; Admiral William H. McRaven from the U.S. Navy Biography Website;   Malala Yousafzai, JStone/Shutterstock.com; Nora Ephron, s_bukley/Shutterstock.com.

Tu vocación no es algo que te vaya a poder contar nadie... Lo sabes porque lo ves en tu interior.
OPRAH WINFREY

Si estás pasando por un infierno sigue caminando.
WINSTON CHURCHILL

Nunca dudes de que un pequeño grupo de ciudadanos atentos y comprometidos pueda cambiar el mundo. De hecho, es lo único que lo ha conseguido.
MARGARET MEAD

Si el destino te trae un limón, haz limonada.
DALE CARNEGIE

Lo complicado del idioma es que miente sobre lo poderoso que es.
LENA DUNHAM

presentación esté completamente terminada. Una vez hayas establecido todo lo que quieres decir, entonces ya puedes entrar a fondo en un único aspecto principal de tu presentación. Por ejemplo, cuando Steve Jobs dijo «¡Hoy Apple reinventa el teléfono!» ya sabía cuál era la estructura de su presentación, y de hecho habló de los tres aspectos fundamentales del iPhone antes de ni tan siquiera pronunciar esa frase. Sabía que sería un anuncio muy sonado, el meollo de una verdad de la que todo el mundo se acordaría. Podría haber escogido una frase sobre la simbiosis de música y comunicación. A fin de cuentas, Apple era una empresa conocida por el iPod en aquel momento pero, en vez de eso,

Winston Churchill from the Imperial War Museums Collection; Dale Carnegie, Alfred Eisenstaedt/The LIFE Picture Collection/Getty Images; Oprah Winfrey, Jaguar PS/Shutterstock.com; Margaret Mead, Photo Collection Anefo of Nationaal Archief; Lena Dunham, Jaguar PS/Shutterstock.com.

El consejo de Kenny

Me parece que los mejores momentos para usar citas son cuando estoy declarando cuál es mi tesis, introduciendo una idea, explicando un tema complejo o concluyendo mis presentaciones.

escogió hacer una afirmación atrevida. Declaró que había reinventado el teléfono. Era mucho. Generó un gran impacto. Todavía nos acordamos.

Para encontrar tus propias afirmaciones rotundas no tienes más que decidir qué es lo más importante de tu presentación. Conoces tus contenidos y los puedes explicar bien, pero ¿eres capaz de sintetizarlo todo en algo que la gente se pueda llevar consigo? ¿Eres capaz de infundir pasión y confianza a tus palabras? Cualquiera puede dar una presentación pero no todo el mundo puede dejar tras de sí una cita atemporal. Con una idea que tenga sentido, un mensaje vendible y unas palabras memorables, puedes cambiar el mundo.

STEVE JOBS

MacWorld Expo 2007
David Paul Morris/
Getty Images News/Getty Images

HAZ QUE CUALQUIER COSA RESULTE INTERESANTE

Hay una creencia generalizada totalmente injusta sobre las presentaciones en general según la cual siempre son aburridas. ¿No nos crees? Métete en Twitter. Escribe «presentaciones» en la barra de búsqueda. Cambia el filtro de resultados de «Destacados» a «En directo». Es muy probable que te encuentres con dos tipos de narrativas en lo que a presentaciones se refiere: la de «Tengo tanta ansiedad» o la de «Esto va a ser tan aburrido». A fin de cuentas, sí, hay presentaciones que son muy aburridas. No tiene nada que ver con el tema.

El famoso publicista George Lois dijo en una ocasión que era capaz de vender cualquier cosa. Declaró que sería capaz de venderte un bolígrafo haciéndote comprender que era el mejor bolígrafo del mundo; justo el bolígrafo que necesitabas. Era *el* bolígrafo. A través de él, se convertía en el bolígrafo que querías. Esto es relevante porque comunica un mensaje: *no hay tema aburrido*[4].

Si George Lois puede ganarse la vida vendiendo bolígrafos, entonces tú también puedes conseguir que el público se interese por tu mensaje. No tienes que hacer que el tema sea interesante, de lo que te tienes que preocupar es de que la manera de presentarlo sea interesante.

¿Cómo?

Sé tú mismo

Muchas personas se centran demasiado en cómo deberían comportarse cuando hacen una presentación.

No seas rígido ni estéril. Muéstrate distendido. Sé entretenido y ameno. Si el tema no es necesariamente el más emocionante del mundo, ¡reconócelo! (Si crees que tu tema es aburrido, tal vez sería un buen momento para replantearte lo que significa

Si le caes bien a la gente escucharán cualquier cosa que tengas que decirles.

GARY VAYNERCHUK

Experto en redes sociales

HubSpot INBOUND and Gary Vaynerchuk

para ti y lo que debería significar para tu público.) No te separes de las personas que integran la audiencia pensando que hay una especie de misterioso cuarto muro entre ellos y tú. Si estás relajado, tienes confianza en ti mismo y eres auténtico, tu rollo será contagioso.

Estas son algunas formas de hacer que cualquier tema resulte interesante:

- *Una vez hayas descubierto cuál es tu gran idea, crea un titular que proporcione al público un avance de tu charla.* Un buen titular tiene un cierto elemento sorprendente que genera intriga y expectativas. El título «Informe de datos de 2015» es aburrido, así que por qué no cambiarlo a «De 500.000 a 1 millón de dólares: ¿cómo crecimos el 100 por ciento en 2015?» Las charlas TED son ejemplos estupendos de buenos títulos de presentaciones, que intrigan o directamente resultan controvertidos. Unos cuantos destacan particularmente:
  - Qué aprendí como joven en la cárcel (Ismael Nazario)
  - Cómo aguanté la respiración durante 17 minutos (David Blaine)
  - 10 cosas que no sabías del orgasmo (Mary Roach)
  - El precio de la vergüenza (Mónica Lewinsky)
  - Tengo 99 problemas… y la parálisis cerebral es solo uno de ellos (Maysoon Zayid)
- *Implícate con el público.* Si le preguntas cuánto sabe del tema sobre el que vas a hablar, te ganarás inmediatamente su atención y participación. Ya sea a través de una encuesta o pidiendo a los que te escuchan que te envíen preguntas a través de Twitter, estás conectando con ellos y consiguiendo que se impliquen a un nivel más profundo con tu contenido. Simplemente asegúrate de que tu contenido sea relevante para el público.

- *Ponte analógico.* Si tu tema es muy complicado pero sientes que lo puedes explicar de manera más sencilla sin una pila de diapositivas, adelante. Así la audiencia centrará su atención en ti.

- *Céntrate en tu lenguaje corporal.* Cuando presentes, es importante que des la sensación de que te entusiasma tu contenido. Tu lenguaje corporal es clave a la hora de hacer que el público te crea y escuche y confíe en ti. A fin de cuentas, si a ti no te entusiasma el tema del que hablas, ¿por qué iba a tener que entusiasmarle a la audiencia?

- *Toma frases complejas y hazlas sencillas pero memorables.* Si tienes datos complejos, exprésalos en frases cortas y memorables.

- *Usa el humor y la narración de historias para hacer interesantes temas densos pero a la vez fundamentales.* Cuando presentes datos, asegúrate de que el público sabe cómo se relacionan con su vida diaria y cómo la afectan.

Es importante entender que el público no es un grupo de malvados críticos. Recuerda que son sencillamente gente como tú: comen, duermen, se emocionan; se ponen los pantalones, primero una pierna y luego la otra, igual que tú; y todos quieren que les entretengan. Siendo tú mismo, permites que tu audiencia vea que eres humano. Al adoptar la actitud de que la gente que forma el público no ha acudido a tu presentación para juzgarte sino para oír lo que tienes que decir, comprendes que ellos son humanos también. Y es al darte cuenta de eso cuando eres capaz de compartir algo que no esperan: tu personalidad.

Conviértete en el público

Para convertirte en el público, tienes que comprender exactamente qué necesitan de tu tema los que te escuchan. Imagínate si George Lois te pidiera que presentaras ese bolígrafo que quiere vender. No tiene nada de especial. Es solo un bolígrafo. Ahora bien, no le puedes decir eso al público. Recuerda: debes hacer que la gente quiera el bolígrafo, porque nadie está sentado en su asiento esperando por él. No se trata del bolígrafo en realidad; se trata de lo que se puede hacer con el bolígrafo.

Céntrate en lo que quiere el público, en los beneficios que tu tema ofrece ante una necesidad concreta. Si estás presentando una fotocopiadora nueva a un grupo de profesores, no les hables de los aspectos técnicos, como por ejemplo el hecho de que el chip del procesador haga posible realizar más copias en menos tiempo; háblales de la gran cantidad de tiempo que se van a ahorrar porque la fotocopiadora es mucho más rápida que la que tienen. Y… menos tiempo fotocopiando exámenes significa más tiempo dedicado a otras cosas, como la familia.

¿Ves a lo que vamos? Vende el chisporroteo del aceite en la sartén, no el filete.

CONCLUSIÓN

Lo que digas importa, pero cómo lo digas es más importante todavía.

Tu público se compone de muchos tipos de personas y todas ellas tienen distintos puntos de vista. Sus mentes funcionan de distinta manera. Una vez comprendas cómo les gusta que les comuniquen la información y lo que les interesa, podrás cautivarlos como nadie. En este sentido, una capacidad extremadamente valiosa es ser capaz de iniciar tu presentación, comunicar datos y dejar a tu audiencia con un sentimiento o un impulso que los anime a hacer algo.

El contenido es solo el principio. Si el contenido es el rey, entonces el diseño es la reina.

Retos

NOVATO

- Crea una presentación utilizando la estructura de Big Fish Presentations (apertura, avance de los temas, gran idea, puntos principales, recapitulación, llamada a la acción, conclusión).

- Cuenta una historia con un héroe, un villano y suspense relacionados con el tema de tu presentación.

- Sigue la regla del tres a la hora de identificar los puntos fundamentales de tu intervención.

EXPERTO

- Cuando cites una estadística muestra cómo se relaciona directamente con los asistentes y por qué debería importarles.

- Expresa la gran idea de tu presentación como un tuit (140 caracteres o menos).

- Prepara al público con una hoja de ruta de tu presentación.

DISEÑO

> *El objetivo del arte no es representar la apariencia exterior de las cosas, sino su significado interior.*
>
> ARISTÓTELES

Tu idea podría sonar muy bien sobre el papel pero ¿sobrevivirá más allá de la página?

Como presentador, tu objetivo es generar un cambio. Quieres cambiar la visión del mundo de las personas, sus hábitos, su mentalidad y a veces sencillamente las rutinas matutinas de tu público. Tu meta es que la gente se marche siendo diferente a como llegó a tu presentación. De lo contrario, no has marcado la diferencia que te habías propuesto marcar. Cuando sopeses todas las herramientas que puedes manejar como presentador, tienes que considerar una de las más poderosas: el diseño.

Tal y como se ha mencionado anteriormente: si el contenido es el rey, el diseño es la reina. Pero ¿por qué importa tan siquiera el hecho de hacer que algo tenga un aspecto atractivo?

Nunca menosprecies el poder de un buen diseño. El diseño es como el arte, y el arte es poderoso: puede hacerte reír, puede hacerte llorar y puede hacerte cuestionar cuanto te rodea. Al igual que el arte, el diseño puede utilizarse para dejar huella en el mundo.

En este capítulo trataremos los siguientes temas:

- ESTRUCTURA TU JUEGO DE TRANSPARENCIAS
- NOTA DE KENNY: DEL CONTENIDO AL DISEÑO
- STORYBOARDS
- ¿QUÉ HACE QUE UNA TRANSPARENCIA SEA BUENA?
- COLOR
- JERARQUÍA VISUAL
- TIPOGRAFÍA
- MATERIAL GRÁFICO
- MOVIMIENTO
- DATOS
- DOCUMENTACIÓN QUE SE ENTREGA
- HERRAMIENTAS MÁS ALLÁ DE POWERPOINT
- LA PRESIÓN DEL TIEMPO

ESTRUCTURA TU JUEGO DE TRANSPARENCIAS

¿Qué incluir en el juego de diapositivas?

Has creado tu gran idea y tu mensaje central. ¿Qué deberías incluir en tu juego de diapositivas? Esta pregunta sencilla parece ser una con la que muchos presentadores tienen problemas. A menudo se da el caso de que hay demasiada información en cada diapositiva o demasiadas diapositivas o ambas cosas. La presentación horrible que provocó la creación de Big Fish era un caso grave: el presentador no sabía qué poner en las diapositivas, así que lo había metido todo, incluso si era irrelevante y aburrido a más no poder. No hagamos eso cuando creemos nuestras presentaciones.

¿Cómo decidir lo que se convertirá en una diapositiva?

GUIÓN

Antes de ponerte a trabajar con las diapositivas, necesitas saber qué vas a decir. Trabaja tu guión y crea un esquema general de lo que quieres incluir. Vemos muchos guiones que son muy liosos y con demasiados detalles. La gente sacrifica las historias en favor de los datos y acaba sobrecargando al público. Un esquema general te permitirá identificar la información que respalda tus puntos principales. Si alguna información no encaja en el esquema, déjala fuera. Esto te ayudará a ser sucinto. La audiencia no quiere oír hablar de todos y cada uno de los aspectos de tu producto ni de todos los detalles de tu historia. Se trata de enviar un mensaje claro y conciso que describa tu gran idea y respalde tu mensaje principal. Cualquier información tangencial debería quedar fuera.

Tanto si estás contando una historia como si estás esbozando un proceso o proponiendo una idea nueva, tu presentación debería tener estructura. Las primeras diapositivas deberían contener los principales mensajes a conservar, mensajes sencillos y concisos para que el público los comprenda y recuerde mejor. Esta es la armazón de tu presentación.

Esto te ayudará a organizar toda la información de apoyo de estas secciones. Como presentador, tu información tiene que ser intencionada. Cuando planteas estos puntos fundamentales te dotas de un marco por el que guiarte para decidir lo que merece estar en tu juego de diapositivas. Gran parte —si no toda— de tu presentación quedará encuadrada dentro de tus puntos principales y a los asistentes les resultará más fácil recordarla cuando la desgloses en distintas secciones.

Ya tienes tus puntos principales. Ahora consideremos qué información de apoyo o secundaria merece ser incluida en una diapositiva. Considera los mensajes principales con los que quieres que se quede el público y luego decide qué información reforzará mejor los mensajes clave. Si estás argumentando a favor de un nuevo concepto o idea, la mejor información de apoyo serán las pruebas más convincentes y cruciales. Si estás vendiendo un producto, la mejor información de apoyo consistirá en los principales beneficios que puedan atraer a los clientes. Si estás relatando una historia conmovedora sobre tu lucha contra la adversidad, tu principal información de apoyo serán los aspectos clave de los acontecimientos que tuvieron lugar y que te han llevado hasta donde estás en la actualidad. Si

tienes información que no encaja con ninguno de estos puntos principales, plantéate si de verdad refuerza tu mensaje central antes de incluirla a ciegas en tu presentación.

¿Qué incluir en una diapositiva?

No hay una fórmula preestablecida para determinar qué información debería incluirse en una diapositiva para todos y cada uno de los tipos posibles de presentación. Lo más importante es recordar que hay que asegurarse de que cada diapositiva sirva a un propósito. Puede que tengas una idea para una diapositiva que podría «ser preciosa», pero deberías considerar si verdaderamente sirve de apoyo al mensaje general de la presentación.

Una diapositiva ideal contiene solo una idea y capta la atención del público. Es decir, ofrece un enfoque absoluto.

¿Cómo reducir el revoltijo de elementos desordenados en una diapositiva? Céntrate en dos cosas: lo que ve la audiencia en la diapositiva y lo que oye de tus labios.

Pongamos por caso que tienes una diapositiva llena de texto. Nadie se va a leer todo eso, y si crees que alguien se va a acordar, se te ha ido la cabeza. Lo primero de todo, tienes que ponerte límites: asegúrate de que ninguna diapositiva tenga más de tres frases. Incluso tres frases es ya forzar un poco la máquina, pero vamos a ser generosos. En cuanto a esas tres frases, asegúrate de que ninguna ocupe más de 15 palabras. Una frase de solo 15 palabras invita a ser leída y te obligará a ser conciso.

Demasiado revoltijo

- Es importante reducir el revoltijo en tu guión y tus diapositivas.
- Nadie quiere leer una montaña de información en una diapositiva. Además esto desvía la atención de ti, el orador.
- ¿Todavía estás leyendo esto? Increíble. Para cuando quieras.
- ¿Ves lo mucho que distrae?

REDUCE EL REVOLTIJO

Diferénciate del resto reduciendo la cantidad de texto que incluyes en tus diapositivas.

Piénsalo. ¿Cuántos puntos prefieres ver en la diapositiva, dos o siete?

¿Qué frase te resulta más atractiva, la pregunta que de manera tan oportuna acabamos de poner en un párrafo aparte aquí encima o la frase de más de quince palabras en que se está convirtiendo esta frase?

Recuerda: solo deberías tener una idea o un mensaje por diapositiva. Cada diapositiva tiene que destacar por sí sola, no debería depender de ninguna otra diapositiva que justifique o explique su significado. Si pones más de una idea en una diapositiva te arriesgas a distraer al público.

Sabemos lo que estáis pensando algunos de vosotros ahora mismo: «Pero es que yo tengo todas estas reglas, estipulaciones e importantísimas políticas que la asistencia tiene que ver». No, al público no le hace ninguna falta verlas. Si lo que muestras es verdaderamente *tan* importante, ponerlo en una diapositiva que va a proyectarse en pantalla durante unos cinco minutos es muy mala idea. No es manera de fomentar la comprensión ni la retentiva de la audiencia. Puedes entregar a la gente un documento, invitarlos a que consulten un micrositio web o escoger tres elementos fundamentales pero, por favor, no pongas los 25 principios de tu empresa en una diapositiva y esperes que todo el mundo se acuerde de ellos.

¿Cómo cumplir con la norma de una idea por diapositiva? Pongámoslo en práctica: si estoy pensando en crear una diapositiva que diga «Se contrata a comerciales excepcionales», con tres puntos de apoyo debajo, podría poner cada uno de esos puntos en su propia diapositiva. Eso me permitirá enfocar la atención de la gente en cada punto en vez de hacerles ver los tres y pensar sobre todos ellos al mismo tiempo. Si te preocupa que el público no te siga, entonces incluye un pequeño recordatorio de la sección en alguna parte en la diapositiva de modo que sepa cuál es la idea general subyacente.

El consejo de Kenny

Si estás haciendo una presentación ante un público con formación técnica y analítico (estamos pensando en nuestros amigos de sectores como el farmacéutico, la biología y la ingeniería), hay que comunicar mucha información (a veces por motivos legales). Si tienes que incluir determinada información en tu presentación, mi recomendación es que reduzcas al mínimo el revoltijo en la trasparencia de la presentación oficial (ensaya bien con tu información) y le proporciones a los asistentes un documento exhaustivo, un PDF, la dirección de una página web o de un blog de referencia con más detalles sobre lo que les has contado. Apple es el ejemplo perfecto de esta práctica. Todos los detalles técnicos se pueden consultar en su página web tras el anuncio del lanzamiento del producto. Durante una presentación de un nuevo producto de Apple, el público ve imágenes de las especificaciones mientras se les habla de ellas.

¿Qué haces cuando tienes una lista de puntos que respaldan una idea? Muestra la lista visualmente utilizando iconos o fotos en vez de un montón de puntos llenos de texto.

Ya sabemos que estos consejos no son divertidos ni fáciles de seguir pero nos lo agradecerás cuando consigas librar a tu presentación de todo el peso muerto. Si bien no hay ninguna solución mágica para todos los tipos de revoltijo posibles, estas restricciones te obligarán a librarte de todo el material superfluo.

Te hemos mostrado cómo reducir lo que ve el público. Ten presente que las diapositivas no deberían distraerlo de tus palabras y viceversa. Asegúrate de que las diapositivas complementen tu presentación o por lo menos la guíen.

¿Cómo establecer el número de diapositivas?

¿Cuántas son demasiadas o demasiadas pocas diapositivas?

No hay una única respuesta a esa pregunta. Cuando confeccionamos historias y presentaciones para nuestros clientes y nosotros mismos, consideramos todos los factores a tener en cuenta en la charla y nos planteamos las siguientes preguntas:

- *¿Qué nivel de solidez tengo como presentador?* ¿Soy yo el que lleva la presentación o se trata de un pase de diapositivas?

- *¿Cuánto dura mi presentación?* ¿Me han dado un límite de tiempo o puedo hablar durante el tiempo que quiera?

- *¿Quién me va a escuchar?* ¿Necesitarán un mensaje sencillo y conciso de menos de 10 diapositivas porque su tiempo y su atención son limitados?

- *¿Qué estoy tratando de decir?* ¿Qué estilo reforzará mejor el mensaje que estoy tratando de comunicar? ¿Necesito muchas diapositivas para mostrar la tendencia de los datos o no me hacen falta más de tres o cuatro diapositivas para comunicar quién soy y lo que me importa?

Plantearte estas preguntas te ayudará a establecer cuál es el número adecuado de diapositivas. Y hay veces en que la respuesta es no usar diapositivas en absoluto. Si bien es importante establecer lo que se incluye en el juego de diapositivas, creemos firmemente que deberías ser capaz de hacer tu presentación sin ellas. En el caso diametralmente opuesto, también entendemos que hay ocasiones en que puede resultar beneficioso emplear muchas diapositivas para cubrir gran cantidad de información con el público. Solo recuerda que cuantas más diapositivas, más presión para quien presenta. Tendrás que asegurarte de establecer el ritmo adecuado para ir pasando de una a otra.

Vamos a ver un ejemplo.

ESTUDIO DE CASO

En el evento de Apple de septiembre de 2013, el vicepresidente principal de marketing a nivel mundial, Phil Schiller, presentó al mundo dos nuevos teléfonos simultáneamente. Era la primera vez que Apple hacía algo así. En la presentación de diez minutos del iPhone 5c, Phil utilizó 30 diapositivas y 2 vídeos. Durante los seis minutos que estuvo hablando aproximadamente utilizó más o menos cinco diapositivas por minuto. Este ritmo se sitúa en el extremo más bien rápido del espectro en lo que a cadencia de diapositivas se refiere, pero este número relativamente alto de diapositivas tenía sentido en ese contexto: Phil Schiller es un buen orador y estaba cómodo pasando las diapositivas bastante rápido. Solo tenía seis minutos para presentar al mundo un producto nuevo con infinidad de características, así que cubrió la información de manera concisa, aunque no apresurada.

El público estaba integrado por una amplia variedad de clientes, reporteros y locos por la tecnología que comprenden y aprecian la innovación, así como las tendencias emergentes de la tecnología. Esta gente es capaz de absorber pequeñas píldoras digeribles de información incluidas en un gran número de diapositivas; esta gente era la que con más probabilidad podía digerir la mayor cantidad de información sobre el 5c en el menor tiempo posible. Apple recibe un reconocimiento constante por la sencillez y calidad de sus presentaciones, algo que resulta evidente durante toda esta intervención (que puede verse en http://www.apple.com/apple-events/september-2013/)[1].

Este es tan solo un ejemplo de cómo el número de diapositivas depende en gran medida del contexto de la charla. Considera todas las opciones a tu disposición y elige la que más te convenga como presentador. No te sientas mal si no eliges bien al principio. Experimenta. Sal de tu zona de confort de vez en cuando e intenta algo novedoso. Igual descubres que el estilo nuevo te va mejor.

PHIL SCHILLER

Lanzamiento de producto de Apple,
10 de septiembre de 2013

Justin Sullivan/Getty Images

NOTA DE KENNY: DEL CONTENIDO AL DISEÑO

Al principio de mi carrera, hice —con éxito— muchas presentaciones de unas 75 a 100 diapositivas en total a ritmo de metralleta. Ha sido hace poco cuando me he pasado al bando de usar menos diapositivas o incluso hacer presentaciones sin ellas. Me di cuenta de que si usaba menos diapositivas el público se distraía menos. Y tengo una historia de mis notas para un evento real que ilustra ese descubrimiento.

Repetía como ponente inicial de un congreso muy grande y me pidieron que hiciera algo diferente a mi número habitual sobre presentaciones. Me pidieron que hablara de mi otra pasión: emprender. No tenía un juego de diapositivas preparado para este tema. En Big Fish estábamos hasta arriba de trabajo y los miembros de mi propio equipo me dijeron que no podrían hacer más que echarme una mano con los retoques finales (¡eso sí que es quien bien te quiere te hará llorar!). Viendo que estaba completamente solo ante el peligro en esa ocasión, me puse a trabajar.

En primer lugar, pensé en la gran idea: «Si quieres que tu negocio no solo sobreviva sino que prospere en el actual contexto económico, tienes que estar constantemente refinando las tres P del éxito organizativo: personas, pasión y proceso».

A partir de esta gran idea, creé una estructura de contenido en función del proceso de definición del esquema de la presentación ideado por Big Fish. (Nota: no te dejes intimidar por la longitud de este esquema. No es tan fiero como parece. De hecho, en el capítulo 4 titulado «Exposición» hablaremos de cómo ensayar la presentación por partes *antes* de la exposición real, a modo de apoyo a la retención. Esta última es algo en lo que yo pongo mucho énfasis).

Utiliza tu esquema para identificar lo que hay que incluir en una diapositiva y lo que no.

Redactar un esquema implica cinco aspectos:

1. Subrayar el contenido que se puede representar fácilmente en una diapositiva como punto principal y que además es susceptible de ser representado visualmente de un modo impactante.

2. **Poner en negrita** cualquier cosa que tenga que enfatizarse y comunicarse poderosamente, por ejemplo frases fáciles de tuitear que requieren una pausa en el momento de la exposición.

3. *Poner en cursiva* las frases que introducen la gran idea.

4. Usar *bullet points* o topos en el esquema para hacer que la presentación avance (nada de relleno).

5. Utilizar **negrita y subrayado** para plasmar la representación de un gesto o un movimiento físico en particular en el momento de la exposición.

Para esta presentación, puse dos pizarras blancas a ambos lados del escenario.

Este es el esquema de mi discurso:

APERTURA SUAVE

- Preguntar cuánta gente ha asistido a ediciones anteriores de este congreso.

- Decir al público que no le dé miedo interactuar los unos con los otros. (Usar una pantalla en negro como primera diapositiva para generar suspense.)

APERTURA

- Contar la historia de Big Fish Presentations desde enero de 2010 y los progresos hasta enero de 2012. (Presentar el logo de Big Fish después de contar la historia.)

- Mientras llevaba un negocio estando todavía en la universidad, me surgió un problema: **¿qué quería hacer con mi vida?**

- El problema surgió debido a una situación que suele darse en las universidades: **la universidad nunca me enseñó a perseguir mi pasión; la universidad siempre me enseñó a conseguir un trabajo.**

- Por lo general, la universidad me enseñó a seguir este proceso: Estudiar mucho + Trabajar mucho + Trabajo bien pagado = Felicidad. (Mostrar diapositiva de los puntos presentados como en una ecuación.)

- Dejé la universidad después de oír a mi padre contar una historia. Luego contaré más.

- Avance rápido a 2014. Big Fish ha trabajado con algunas de las marcas más importantes del mundo. En estos momentos estamos preparando la publicación de nuestro primer libro con McGraw-Hill.

- *Escribir esto: Personas + Pasión + Proceso = Beneficio. Voy a compartir con vosotros cómo tomar esta fórmula y aplicarla para que vuestro negocio no solo sobreviva sino que prospere en el actual contexto económico.* (Presentar la diapositiva del título: «Las tres P del éxito organizativo».)

- Si ahora mismo no tienes una empresa, escucha de todos modos. Aun así, aprenderás los secretos de cómo hacer que tu futuro negocio crezca.

- Anunciar transición al primer punto principal: *personas*.

PUNTO PRINCIPAL 1: PERSONAS (diapositiva con foto de la gente de Big Fish y la palabra «Personas»)

- **Las grandes organizaciones necesitan grandes personas.**

- No toda organización encaja con un determinado empleado.

- Mostrar vídeo gracioso del día de San Valentín (ver en nuestra página de YouTube: youtube.com/bigfishpresentations.)

- Es importante contratar a personas que encajen bien en el puesto, tanto a nivel técnico como cultural.

- **Contratamos a nuestros mejores empleados siguiendo los siguientes métodos**: (mostrar diapositivas que recogen individualmente los puntos principales, para darles más importancia y hablar específicamente de cada uno).

  1. Recomendación de un empleado de confianza.

  2. Corazonada. Si noto que la persona está receptiva a la formación, es agradable y posee un nivel mínimo aceptable de conocimientos expertos, es buena señal.

3. Una carta de presentación inteligente que muestra la personalidad del candidato:

   a. Consideremos esta carta de presentación de Rob, nuestro creativo. (Mostrar la carta de presentación de Rob. Resaltar frases para hacer referencia a los puntos mencionados con anterioridad. Es una carta desternillante. Si nos llegan suficientes solicitudes tal vez consideremos compartirla con todo el mundo.)

   b. Supimos que queríamos contratar a Rob porque su carta era sincera, apasionada y honesta.

- **La gente compra a la gente**. Tener el equipo adecuado puede contribuir a estrechar la relación con clientes potenciales.

- Contar la historia de adquisición reciente de cliente importante debido a atención al cliente y cultura de empresa.

- **Tu equipo es el activo más importante de la empresa.**

- Anunciar transición a punto principal 2: *pasión*.

PUNTO PRINCIPAL 2: PASIÓN (diapositiva con foto de un corazón y la palabra «Pasión»)

- **La mejor manera de mostrar pasión es ser tan bueno en tu trabajo que la gente no pueda ignorarte.**

- Contar la historia del primer pitch a Raising Cane. (Mostrar diapositiva con el logo de Raising Cane o palitos de pollo.)

- Decir frase: «¿Le vamos a dejar la responsabilidad de la presentación del CEO a un chaval de 20 años?»

- Parafrasear la respuesta: «Puede que tenga 20 años, pero te prometo que no conoces a nadie que trabaje más para crear una gran presentación. Haré lo que haga falta y, si no quedas satisfecho, te devolveré el dinero sin rechistar».

- Raising Cane trabaja con nosotros de manera regular.

- Una gente y una empresa con los que da gusto trabajar.

- La empresa comprende muy bien el contenido de esta presentación.

- **Si sientes pasión por algo, sé lo mejor que puedas en ese algo y comparte esa pasión con el mundo.**

- En cualquier caso, ser tan bueno que la gente no pueda evitar reparar en ti es el camino al éxito y la realización personal.

- **Si no estás cómodo con lo que haces, acabas de malgastar segundos, minutos, horas y días que no volverán.**

- Anunciar transición a punto principal 3: *proceso*.

PUNTO PRINCIPAL 3: PROCESO (diapositiva con foto de una caja de cambios y la palabra «Proceso»)

- Llevar un registro de todo para repetir el éxito y evitar el fracaso. (Mostrar una diapositiva con fragmentos del manual de Ventas y Gestión de Cuentas de Big Fish.)

- Crear procesos nos ha permitido: (Mostrar una por una diapositivas con los puntos principales para darles la debida importancia: desarrollar cada punto).

1. Medir el éxito y el fracaso de modo más preciso

2. Mantener la coherencia

3. Ayudar a formar a la gente nueva

4. Escalar en función de las necesidades

5. Mantener un estándar

- En última instancia, el objetivo que se persigue al documentar los procesos es **hacer que la excelencia y el crecimiento se conviertan en un hábito.**

- Anunciar transición a los puntos de recapitulación.

PUNTOS DE RECAPITULACIÓN (diapositiva con «Las tres P del éxito organizativo»)

- A medida que crezca el negocio, nada será más valioso que: (Mostrar fotos de cada uno de los puntos principales individualmente para darles importancia).

1. La gente que trabaja para ti

2. Los procesos que has establecido para crecer

3. Tu pasión para luchar en los tiempos difíciles:

   a. Estos tres elementos son importantes para hacer que tu negocio dé beneficios.

   b. No lo hagas solo por los beneficios.

   c. Los mejores negocios son los que hacen crecer al empresario a nivel financiero y personal.

- Transición para dar paso al cierre/llamada a la acción con historia de papá: **«Ahora que hemos llegado al final de** nuestro viaje juntos, os voy a contar la historia de mi padre que os prometí».

- «Creo sinceramente que refleja el espíritu emprendedor.»

CIERRE/LLAMADA A LA ACCIÓN (diapositiva con foto de papá y amigos)

- Contar la historia «del punto A al punto B» de papá.

- **Dibujar punto A en pizarra blanca 1 y punto B en pizarra blanca 2. Hacer gesto con la mano indicando una línea recta entre las dos pizarras.**

- Su amigo no lo quería hacer por sí mismo sino por el estatus.

- Papá lo hizo de otra manera. **Hazlo, no por el dinero sino por la realización personal.**

- La respuesta de papá: «Puede que tu camino sea una línea recta entre A y B, pero el mío será diferente, aunque el final será el mismo. Mi camino estará plagado de líneas, curvas y marcas de goma de borrar, pero acabará en el punto B. La diferencia es que en esas líneas, curvas y marcas de goma habré vivido más de lo que tú vivirás jamás, porque yo estoy haciendo algo que me encanta». (Parafrasear.)

- **Hacer un gesto con la mano indicando una línea llena de curvas entre las pizarras. (Juro que esto era mucho más chulo en acción que descrito ahora sobre el papel.)**

- Compartir dónde está papá hoy.

- Esta es la historia que me contó mi padre cuando necesitaba que me animaran para perseguir mi pasión y le pedí consejo.

- La historia me ayudó y confío en que os ayude a vosotros a perseguir vuestra pasión.

- La vida te va a traer curvas, marcas de goma de borrar y hasta rasponazos en ocasiones.

- **Cuando eso ocurra, da un paso atrás y recuérdate a ti mismo, antes que nada, por qué estás yendo hacia el punto B. Es lo único que te pido.** *No te rindas.* **(Llamada a la acción.)**

- **No te centres únicamente en ganar dinero; deja huella en el universo.**

- **Sé la mejor versión de ti mismo que puedas.**

- **Siendo tú mismo, siempre serás auténtico y nunca jamás morirás en el intento de imitar.**

- **Eso en sí mismo ya vale más que cualquier cantidad que puedas tener en el banco.**

- Gracias. (Mostrar logo animado al final.)

Esta presentación me llevó a la fórmula que utilizo ahora para las diapositivas de mis intervenciones:

- Diapositiva en negro

- Fotografía relevante a la apertura (mi apertura + explicación de la apertura)

- Pantallazo del título (por lo general animado con gráficos en movimiento)

- La gran idea (declaración de mi tesis)

- Punto principal 1

- Contenido que respalda el punto principal 1 (por lo general una fotografía o vídeo)

- Punto principal 2

- Contenido que respalda el punto principal 2 (por lo general una fotografía o vídeo)

- Punto principal 3

- Contenido que respalda el punto principal 3 (por lo general una fotografía o vídeo)

- Recapitulación de los puntos principales

- Llamada a la acción

- Conclusión

- Diapositiva final con el título (por lo general animado con gráficos en movimiento)

Puedes utilizar este esquema para tus presentaciones. Añade las diapositivas que juzgues importantes a este juego.

Si tienes diapositivas más complejas que no llegarán al público a nivel emocional, engánchalo en la apertura con material emocional. Si utilizas datos puros y duros al principio, asegúrate de explicar por qué esos datos son importantes para la audiencia. (Por ejemplo: «Según ilustra este gráfico, hemos conseguido los objetivos financieros del primer trimestre» no es suficiente, es mucho mejor decir: «Según ilustra este gráfico, hemos conseguido los objetivos financieros del primer trimestre, *lo que significa que todos recibirán un aumento*».)

Crea y elige las diapositivas que mejoren tu presentación y ofrezcan una experiencia al público.

STORYBOARDS

¿Qué es el *storyboarding*?

Ya habrás oído los términos *storyboard* y *storyboarding* [trabajar con *storyboards*]. Para autores y directores del sector cinematográfico, un «*storyboard*» o guión gráfico ayuda a visualizar el aspecto que adoptará el guión escrito cuando se transforme en escenas en la pantalla. El *storyboard* es parte fundamental del proceso de narración de la historia.

Aquí es donde se pone a prueba la historia. «Hay muchas cosas que de repente se ven muy claras y que no lo estaban tanto cuando eran palabras en una página.»[2] Se empiezan a ver algunos de los fallos o vacíos en la presentación, se detectan cambios necesarios en el guión o el orden para que la película sea coherente. Con el *storyboard*, el director puede confeccionar un mapa visual de escenas en el momento en que está planificando la producción.

¿Cómo se traduce esto en el caso de las presentaciones? Si has decidido usar un juego de diapositivas, un *storyboard* te puede ayudar a planificar la presentación visual. Te ayudará a diseñar cada diapositiva y a darte cuenta de lo que funciona y de lo que no en tu historia visual. Además también ahorra tiempo. Si has dibujado todo tu juego de diapositivas en forma de *storyboard* puedes hacer cambios, borrar y reorganizar a satisfacción antes de empezar a crear diapositivas. La creación de diapositivas será mucho más fácil. Un *storyboard* es el equivalente visual de un esquema de tu presentación. No te preocupes por los detalles del diseño; céntrate más bien en los conceptos visuales.

¿Cómo funciona todo esto en realidad? Consideremos unas cuantas maneras de hacerlo.

Se pueden dibujar las diapositivas a mano. Una opción es usar notas autoadhesivas (una nota con una idea por diapositiva) que puedas mover sobre una pared a voluntad[3]. O también las puedes colocar en un cuaderno o en hojas de papel separadas.

El consejo de Kenny

En la parte inferior de cada nota autoadhesiva, a mí me gusta añadir anotaciones sobre las cosas más importantes que tengo que decir en esa diapositiva. Si hay demasiadas cosas importantes, distribuyo el contenido entre varias diapositivas.

También puedes poner tus ideas en una pizarra blanca. En las oficinas de Big Fish, la mayoría de los diseñadores tienen una mesa de cristal en la que pueden pintar los *storyboards* de sus presentaciones con rotuladores especiales de los que se borran en seco. También puede resultar útil dibujar un *storyboard* de tus diapositivas en una pizarra blanca, ya que así las puedes modificar fácilmente. Si el material visual no funciona, bórralo e inténtalo de nuevo. Esto también va bien para trabajar en grupo. Ponerlo todo en una pizarra blanca para que los miembros del equipo lo puedan destripar o mejorar permite entrar en un proceso colaborativo de confección de *storyboards*.

Plataformas tecnológicas

Hay toda una serie de plataformas en línea y fuera de línea que pueden emplearse para planificar el contenido visual de la presentación. La vista de Clasificador de Diapositivas de PowerPoint te permite dibujar tu presentación[4].

Prezi es una plataforma de presentaciones que también funciona bien para hacer el *storyboard* de la presentación. Se trata de un software para presentaciones que permite a un equipo crear juntos un *storyboard* aun encontrándose en varias ubicaciones. Se puede construir un *storyboard* de una forma no lineal, de manera parecida a como harías en una pizarra blanca, pero en la Red.

Te permite guardar y compartir tus ideas fácilmente dentro de un grupo. Ahora bien, tiene su curva de aprendizaje y en ocasiones se tarda más que si usas directamente notas autoadhesivas sobre una pizarra blanca.

Cómo crear *storyboards*

A partir de tu guión o el texto que tienes pensado para cada diapositiva, empieza a pensar en formas visuales de mostrar la información. Se trata de una lluvia de ideas o *brainstorming* visual. No tengas miedo a lo que pueda pasar. Todas las ideas son bienvenidas, y a veces las ideas más descabelladas son las que tienen mayor impacto. Tómate el tiempo de pensar en unos cuantos conceptos visuales diferentes para cada diapositiva y luego decide cuál será el que cause mayor impacto. A continuación vamos a comentar un proceso sencillo que puedes seguir cuando estés considerando qué elementos visuales utilizar en cada diapositiva.

Evaluar

Tú has creado el contenido, así que te lo sabes de pe a pa, pero debes tener en cuenta lo que significa para el público. Consideremos esta afirmación: «Cuarenta millones de dólares de inversión en capital recaudados para respaldar el crecimiento sostenible». ¿Qué estás tratando de comunicar? ¿Cuál es el principal mensaje con el que hay que quedarse? Opción 1: queremos hacer hincapié en la cantidad invertida. Opción 2: queremos mostrar que estamos intentando sentar las bases de un crecimiento sostenible. El dato de los cuarenta millones es importante pero no lo más importante.

Idear

Ahora que sabes lo que quieres decir, ¿cómo puedes mostrar esa información de un modo que refuerce el principal punto con el que quieres que se quede el público?

OPCIÓN 1

40 MILLONES DE DÓLARES EN INVERSIÓN EN CAPITAL RECAUDADOS

— PARA RESPALDAR —

EL CRECIMIENTO SOSTENIBLE

OPCIÓN 2

Refinar

Olvídate de los conceptos visuales que no refuercen tu mensaje. Da un paso atrás y examina tu diapositiva. Si se tarda más de uno o dos segundos en establecer su significado principal, tienes que seguir trabajándola. Utiliza la prueba y error para eliminar todo lo superfluo. Que la presentación sea interesante en todo momento, pero asegúrate también de que el diseño sea limpio. Una vez hayas filtrado y eliminado los elementos innecesarios, puedes proceder con el diseño.

Este proceso en tres pasos acabará siendo algo que hagas casi sin pensar a medida que lo utilices. Estás trabajando el componente estético de tu mensaje. Esto significa que necesitas tomar en consideración no solo el diseño en sí, sino también el efecto que tendrá sobre las personas. Cuanto más trabajes tus elementos visuales y más inteligentemente lo hagas, más te ayudarán a generar un impacto.

El consejo de Kenny

Una buena regla por la que guiarse para los *storyboards* es preguntarse «¿Y qué?» sobre todas y cada una de las diapositivas. El diseño es algo fantástico pero es importante responder a la pregunta: «¿Es esta diapositiva importante para el desarrollo de la presentación?, ¿tiene un contenido interesante?» Nunca cargues tu juego con diapositivas innecesarias.

¿QUÉ HACE QUE UNA TRANSPARENCIA SEA BUENA?

Las diapositivas tienen contextos muy diversos: las hay que se presentan en persona mientras que otras se envían por correo electrónico o se consultan en una página web. En todos estos casos el propósito es diferente (y por ese motivo hay características que podrían ser buenas en algunos contextos y malas en otros). Algunas se proponen enfatizar los puntos más importantes de la presentación de un orador, como una especie de postes indicadores en el viaje que está realizando el público. Otras se han creado para consumirse en línea, sin que haya un orador presente, y por tanto requieren una información más completa.

Nuestra experiencia nos ha permitido ver suficientes diapositivas —desde las muy malas hasta las magníficas— como para establecer las características que todas las grandes diapositivas comparten. A continuación incluimos unos estudios de casos que explican los tres tipos principales de diapositiva, ilustrados con trabajos realizados para nuestros clientes.

El consejo de Kenny

Cuando veo una buena diapositiva siento que el texto es complementario al presentador o presentadora, no que lo abruma. La fuente, los gráficos y el atractivo del diseño artístico en general son importantes pero, si la diapositiva está sobrecargada de información entonces lo que estás proyectando es el documento que se entrega para que el público profundice y no una presentación. Quiero ser capaz de seguir al presentador en vez de saber lo que va a decir de antemano, que es uno de los caminos más cortos al aburrimiento total.

SENCILLA

Las diapositivas sencillas proporcionan la información en segmentos digeribles que captan la atención de la gente y mejoran la comprensión y el recuerdo al tiempo que mantienen al público centrado en lo que estás diciendo. No lo sobrecargues. La sobrecarga no es solo cuestión de texto, también es un término aplicable a los gráficos, las fotos, la animación..., cualquier elemento que pueda suponer bombardear a la audiencia con demasiada información.

Hemos ayudado a muchas empresas del sector farmacéutico a compartir sus historias repletas de información de manera sencilla. Para nuestro cliente Palleck Orthodontics, diseñamos diapositivas limpias sin elementos superfluos y con el mínimo texto posible que contribuyeron a que el público se centrara en el presentador y no en la diapositiva.

ESTUDIO DE CASO

COMPRENSIBLE

El objetivo es resultar interesante, no distraer. Las diapositivas que son «meramente» bonitas no sirven para este propósito. Una diapositiva debe tener sentido y la asistencia debe poder comprender rápidamente ese sentido.

¿Cómo hacer comprensibles y cercanos los conceptos financieros complicados? Para el cliente de Big Fish Wheelhouse Analytics, sustituimos las tablas, los gráficos y las definiciones insulsas por diagramas de flujo claros, para ayudar así a los asesores financieros a captar el contenido de cada diapositiva de manera fácil y rápida.

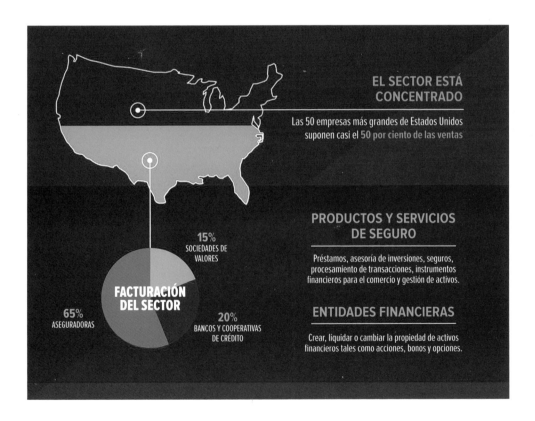

EL SECTOR ESTÁ CONCENTRADO

Las 50 empresas más grandes de Estados Unidos suponen casi el 50 por ciento de las ventas

FACTURACIÓN DEL SECTOR

15% SOCIEDADES DE VALORES

65% ASEGURADORAS

20% BANCOS Y COOPERATIVAS DE CRÉDITO

PRODUCTOS Y SERVICIOS DE SEGURO

Préstamos, asesoría de inversiones, seguros, procesamiento de transacciones, instrumentos financieros para el comercio y gestión de activos.

ENTIDADES FINANCIERAS

Crear, liquidar o cambiar la propiedad de activos financieros tales como acciones, bonos y opciones.

ESTUDIO DE CASO

MEMORABLE

Las diapositivas que son bonitas y evocan emociones ayudan a que el público recuerde tu mensaje. Cuando ves una presentación con exactamente la misma plantilla y composición en todas las diapositivas, ¿te acuerdas luego? No. Ver el logo de la empresa en todas las diapositivas, ¿te ayuda a recordar de qué empresa se trata? No. Por eso consideramos el color, la jerarquía visual, la tipografía, la animación y la visualización de datos. Estos elementos ayudan a la gente a implicarse con tu contenido y a recordarlo, lo cual a su vez puede influir en que el público lleve a cabo el cambio que se persigue.

Cuando oyes hablar de una *startup* que hace gafas de lectura, no suena precisamente a que se trate de una empresa de la que te vayas a acordar. Pero ¿y si hablamos de una empresa que ofrece gafas asequibles en áreas menos desarrolladas del mundo y que tiene un impacto económico medible?

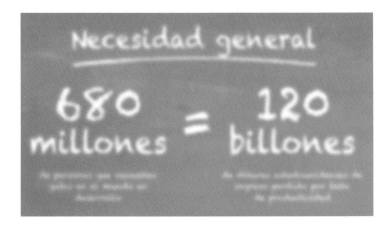

Para la inspiradora *startup* Harambee, lo que hicimos fue diseñar intencionadamente la primera diapositiva de modo que apareciera borrosa y desenfocada. El público vería que había texto en la diapositiva pero le costaría leerlo. En la siguiente diapositiva, se enfocaba la imagen y aparecía el texto nítidamente. Lo que hicimos fue recrear para la audiencia la diferencia que pueden suponer unas gafas en la vida de quienes las necesitan.

COLOR

Psicología del color

En lo que al color se refiere, nuestra recomendación es, ante todo, pensar «en términos psicológicos»[5]. Determinados colores evocan emociones concretas. Cuando hagas una presentación, utiliza el color para evocar las emociones que quieras que sienta el público.

El significado de los colores es diferente en unas culturas respecto de otras. Por ejemplo, «el rojo que suelen llevar las novias en Japón se considera atrevido y erótico en Europa y Estados Unidos»[6]. En cambio, en China, el rojo se asocia a la buena suerte y la prosperidad. Es un color afortunado.

Ten presente cómo son percibidos los colores que uses. Esto es particularmente importante si estás haciendo una presentación en otro país o en un contexto cultural distinto. Haz los deberes de comprobaciones debidas y entérate.

A efectos de este libro, vamos a considerar la psicología del color en la cultura occidental. Karen Haller es una consultora y experta en color que nos ilustra sobre lo que significan los colores para la gente y cómo deberían utilizarlos las empresas y sus empleados.

Verde. «Nos sentimos reconfortados y seguros cuando vemos el color verde.»[7] El ojo humano puede diferenciar más tonalidades de verde que de ningún otro color, seguramente debido a alguna ventaja evolutiva destinada a encontrar comida. Además el verde se sitúa en el centro del espectro de color, tal vez por eso nos sintamos descansados cuando vemos el verde, que representa equilibrio y armonía. El verde puede comunicar un tono fresco, natural y respetuoso con el medio ambiente[8]. Las marcas más orgánicas y enfocadas al medio ambiente utilizan por lo menos algo de verde en su imagen.

Amarillo. «El amarillo puede subirte la autoestima y la confianza en ti mismo y hacerte sentir lleno de optimismo y positividad.»[9] La asociación del amarillo con el día y la luminosidad puede ayudar a los presentadores a evocar el optimismo y la felicidad.

Rojo. «Las cualidades positivas del rojo expresan calidez, energía y emoción.»[10] El rojo también representa la fuerza, la pasión y la lujuria. Ahora bien, este color puede asimismo expresar ira, peligro, confrontación y desafío. Tanto la sociedad como la naturaleza utilizan el rojo para resaltar y llamar la atención de quien mira.

Marrón. Aunque el marrón no es uno de los colores favoritos[11] de los americanos, expresa conceptos positivos como solidez, fiabilidad y capacidad de brindar apoyo[12]. Ahora bien, si se usa mal, el marrón puede suscitar sentimientos de «pesadez, opacidad o falta de sofisticación»[13].

Negro. «El negro comunica glamur y sofisticación.»[14] Pero también puede parecer amenazador, dar miedo o resultar serio. En la influyente presentación titulada «Free Culture» [Cultura libre] de Laurence Lessing, este usa el negro para subrayar la naturaleza seria de su mensaje: no vivimos en una sociedad libre[15]. Lessing se sirve de las connotaciones negativas del color para producir un gran efecto.

Naranja. El naranja expresa calidez y evoca un sentimiento de juego. «Es un color genial para estimular la interacción social y la conversación.»[16] No obstante, el naranja también puede dar sensación de frivolidad.

Rosa. «El rosa representa el sustento, el amor y los cuidados femeninos.»[17] Además, lo hace en contraste con la lujuria que puede evocar el rojo. Si el rojo es fuerza, el rosa puede asociarse con debilidad.

Azul. «Es el color que expresa comunicación y lógica.»[18] El azul se asocia con los sentimientos de «confianza, integridad y eficacia». Vivimos en una era tecnológica que se centra en la comunicación y la lógica. Muchas de las empresas que conocemos y nos encantan utilizan el azul para su marca: Facebook, Twitter y LinkedIn son tan solo algunos ejemplos.

Veamos cómo utilizó un presentador uno de estos colores para evocar un sentimiento específico: Harish Manwani es el director de Operaciones de Unilever; en su presentación sobre la contribución de las marcas al bien común de la sociedad utilizó el familiar y optimista color amarillo[19]. Sus diapositivas, bien tenían el texto amarillo, bien utilizaban algún elemento amarillo. Manwani es de los que opinan que las marcas no deberían quedarse en la banda sino más bien saltar al terreno de juego, liderando el cambio social y asumiendo prácticas responsables. Su charla comunicaba un sentimiento de urgencia, además de optimismo en torno a las grandes oportunidades de contribuir al bien de la sociedad que se les plantean a las empresas.

Los grandes narradores de historias hacen pasar al público por varios estados de ánimo. Puedes servirte de los colores para que te ayuden a conseguir precisamente eso; usa tus diapositivas para llevar a la audiencia en un recorrido visual a lo largo de las emociones de la historia. Considera todas las interpretaciones psicológicas que hacemos de los colores y trata de utilizarlos en distintos momentos de tu presentación o, tal y como hace Manwani, usa un color de modo temático.

El consejo de Kenny

Cuando trabajas con el blanco y el negro, menos es más. Ambos colores pueden resultar aburridos si se usan repetidamente pero, en cambio, también pueden resaltar mucho si se usan ocasionalmente para comunicar un mensaje poderoso.

Teoría del color

La teoría del color se basa en el círculo cromático. Los colores primarios son el rojo, el azul y el amarillo. Los colores secundarios son combinaciones de los colores primarios. Los colores terciarios son combinaciones de los primarios y los secundarios. ¿Ya te vas acordando de las clases de arte y manualidades del colegio? Eso es lo que te enseñaban. Pero hay más.

Cuando escojas una combinación de colores para una presentación, considera las interacciones entre todos y cada uno de tus colores y las implicaciones de usar uno u otro color

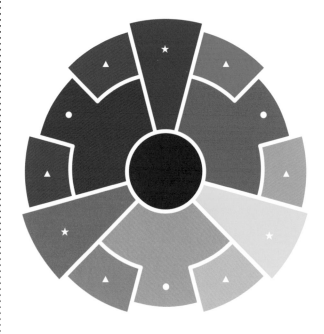

★ = Primario   ● = Secundario   ▲ = Terciario

que acabamos de ver en esta sección. Los dos tipos principales de interacciones son los colores complementarios y los colores análogos. Los complementarios son colores que se encuentran en lados opuestos del círculo cromático. Colores análogos son los que se encuentran cerca en el círculo cromático. Elegir una combinación de colores que aproveche bien uno de estos dos tipos de interacción te permitirá garantizar que tus colores no choquen entre sí.

Otro factor a tener en cuenta a la hora de decidir el color es la plataforma de presentación que estés usando. La mayoría de las presentaciones se diseñan con programas como PowerPoint de Microsoft, Keynote de Apple y Prezi. Estos programas son de base digital y muchos de ellos funcionan de manera óptima en formato RGB (*red, green and blue* [rojo, verde y azul]). El RGB se usa para muchos diseños que se presentan digitalmente, mientras que el formato CMYK (*cyan, magenta, yellow and black* [cian, magenta, amarillo y negro]) es el que se usa para la impresión en papel. Te encontrarás con opciones RGB en muchos de estos programas que te permitirán ajustar los componentes de color rojo, verde y azul de los colores que estés usando para obtener un color específico.

Cuando uses la teoría del color como pauta para tomar decisiones, piensa en las interacciones entre los colores y tu información que podrían establecerse. Las diapositivas tienen una jerarquía de diseño y el color puede complementar o ir a contracorriente en relación con esta jerarquía. Si eliges un color más apagado menos visible para la información más importante

de la diapositiva, has cometido un error. Repasa tus diapositivas y considera dónde posas la mirada en primer lugar. Si la información principal capta tu atención, entonces has cosechado todo un éxito. No existe ninguna regla general sobre qué colores son los más memorables. Sencillamente tienes que considerar que determinados colores destacan con determinados fondos y evocan distintos tipos de emociones. Por ejemplo, un gran juego de texto rojo sobre un fondo negro destaca más que un juego de texto de color amarillo claro sobre un fondo blanco.

El consejo de Kenny

A veces la luz puede cambiar completamente los colores de una diapositiva. Es importante hacer un ensayo para ver cómo aparecen los colores en el lugar donde se hará realmente la presentación. En según qué casos, el público podría no ver bien un azul brillante, o un rojo oscuro podría parecer casi negro.

El color y tu marca

Cuando presentes en nombre de tu empresa es probable que tengas que cumplir unas normas que establecen cómo usar el color en las presentaciones corporativas. Eres una extensión de tu marca. Muchas empresas dedican grandes esfuerzos a asegurarse de que toda la publicidad que se realice en todos los medios —prensa, digital, radio, televisión y vallas publicitarias— esté cohesionada, pero muchos se olvidan de las presentaciones. Así que ten en cuenta que quieres generar una experiencia consistente, y que uno de los mejores momentos para hacerlo es precisamente durante un pitch.

En Big Fish Presentations trabajamos con muchas empresas que tienen pautas de este tipo y nos aseguramos de representar su marca correctamente. Ofrecer una experiencia que sea consistente para todos tus materiales de marketing, incluidas las presentaciones, ayuda al público a recordarte a ti y lo que significa tu marca.

También es importante considerar de qué estás hablando. Las presentaciones de productos de Microsoft y Apple son famosas por su impacto y por mantener una imagen de marca consistente con el estilo de la empresa. En cambio el director de Operaciones de Unilever, Harish Manwani, diseñó su presentación centrándose en el concepto del bien social en vez de en Unilever, y utilizó el amarillo —y no el azul de la compañía— como su punto focal a nivel de color, lo cual era perfecto para su mensaje. Piensa en el contexto de tu presentación y si es apropiado alejarte de la combinación habitual y crear otra que refleje mejor tu historia más que tu empresa.

Algunas de las mejores presentaciones que se han ofrecido nunca no han hecho gala precisamente de gran «cohesión en la experiencia de marca». Déjate guiar por tu criterio.

JERARQUÍA VISUAL

Cuando la mayoría de nosotros pensamos en el término «jerarquía» asociamos el concepto con una manera de organizar a la gente, colocándolos en determinado orden según sus estatus e importancia. En el contexto del diseño, una jerarquía se define como un «orden específico en que se colocan los objetos según un escalafón conforme al cual determinados objetos se colocan por encima de otros»[20]. Estas jerarquías apuntan a diferentes relaciones entre los objetos y sus niveles de importancia relativa. Las presentaciones más organizadas cuentan con una jerarquía de la información: puntos principales, subpuntos e información de apoyo. Para el propósito que nos ocupa, la función de la jerarquía es crear un orden visual.

Cuando creamos una diapositiva, la gente tiende a olvidarse de que la información que estamos mostrando posee una jerarquía. Damos por sentado que las plantillas para presentaciones proporcionan espacio para un título y un texto de apoyo. Cuando nos enfrentamos a la tarea de organizar nuestra diapositiva de un modo que tenga sentido, en realidad no consideramos todos los factores que afectan a la jerarquía de nuestra información. A los diseñadores gráficos se les enseña a tener esto presente. Puede que no todos seamos diseñadores, pero desde luego todos podemos aprovechar algunos de sus métodos.

La jerarquía de texto toma en consideración el color, la alineación, la escala, el peso y los intervalos espaciales[21]. La variedad de colores puede utilizarse para conferir una importancia específica a determinados colores o gráficos. Hemos hablado del color en la última sección, en la que explorábamos cómo escoger un color concreto para un producto o gráfico podría tener consecuencias psicológicas. Bien, la relación de este color con otros colores presentes en la diapositiva puede, asimismo, desempeñar un papel importante en la jerarquía. Por ejemplo, supongamos que estás usando texto de color rojo oscuro para todos los puntos importantes. El rojo actúa como pista visual que informa a la asistencia de cuándo vas a pasar a tu siguiente punto y qué nivel de importancia tiene este. El color puede servir también para distinguir información menos y más importante dentro de una diapositiva. Utilizar un color vivo para la palabra principal de una frase hará que se distinga del resto de la frase. El público sabe que debe atribuir cierta importancia a esa palabra.

La alineación, en el caso de las presentaciones, suele asociarse con los temidos *bullet points* o topos. Por lo general, un título se justifica a la izquierda de otro punto a tratar. Así se da a la audiencia una idea de cuál es la información más importante. Mucha gente odia los topos, pero el concepto de utilizar la alineación para diferenciar textos u objetos según su importancia puede constituir un importante activo a la hora de diseñar una diapositiva, sobre todo cuando quieres distinguir puntos y subpuntos. Hay que usar los topos con sensatez: una diapositiva con diez *bullet points* es mucho más difícil de comprender que otra con una única idea.

La escala y el peso son dos caras de la misma moneda. La escala implica distintos tamaños en los objetos o los textos. El peso suele asociarse con el texto en negrita. Esto puede implicar el uso de dos versiones de una misma fuente o dos fuentes diferentes a fin de distinguir entre fragmentos de texto. Hay una ecuación bastante sencilla que todo el mundo entiende: GRANDE = importante; pequeño = no importante.

Cuanto mayor es el texto o el objeto en la diapositiva, más importancia visual posee. Los ojos del público se dirigirán a ese texto lo primero de todo. Sencillo, ¿verdad? Puedes utilizar diferentes tamaños y pesos para distinguir a nivel visual las informaciones más y menos importantes de una diapositiva.

Para finalizar, decir que la separación espacial entre objetos o textos puede ser una manera de estructurar una jerarquía. Los objetos que están apelotonados en un grupo se asociarán los unos con los otros.

La experiencia nos ha mostrado que la jerarquía es uno de los conceptos más descuidados del diseño de presentaciones. Hay mucha gente que sabe cómo usar imágenes, gráficos, combinaciones de color y texto en una presentación, pero la mayoría no sabe cómo organizarlo todo. En muchas de las peores presentaciones con que nos hemos encontrado, la mayoría de los problemas giraban en torno a una sobrecarga de información o a la incapacidad de distinguir la información importante. Como presentador, lo que quieres es ponérselo fácil a la audiencia. Cuanto menos tengan que esforzarse para comprender tu presentación, más serán capaces de recordarla. No es que no les quieras hacer pensar, pero sencillamente tampoco quieres obligarlos a andar abriéndose paso en una presentación que sea como una jungla caótica en medio de la que tratan de identificar la esencia de tu mensaje. Una jerarquía puede servir para ordenar tu información para tu propio beneficio pero —y esto es lo más importante— también la organiza para beneficio del público.

El primer consejo a la hora de establecer una jerarquía es bien sencillo: debes tener una. El segundo consejo es ejecútala bien. Si el presentador no le da a la información un marco de referencia, las diferentes jerarquías visuales pueden cambiar completamente lo que estés tratando de decir. Consideremos algunas de las maneras en que puedes desarrollar tu jerarquía. Hemos hablado de todos los factores por separado pero en realidad necesitamos considerarlos todos juntos. A continuación mostramos unas cuantas diapositivas que muestran la misma información de maneras completamente diferentes:

Qué hacemos
Contar historias
Diseño
Formación
Vídeo

EJEMPLO 1

Todo el texto es del mismo tamaño y está alineado a la izquierda.

QUÉ HACEMOS
Contar historias
Diseño
Formación
Vídeo

EJEMPLO 2

_____

Se usan el color, el peso y la escala para generar un contraste más marcado entre el título y los subpuntos.

QUÉ HACEMOS

Contar historias

Diseño

Formación

Vídeo

EJEMPLO 3

En este caso utilizamos la separación espacial entre el título y la lista para centrar primeramente la atención en el título. La información de nivel secundario lleva sangrado para diferenciarla todavía más del título.

Qué hacemos

CONTAR HISTORIAS
DISEÑO
FORMACIÓN
VÍDEO

EJEMPLO 4

El tamaño y el color se utilizan para dirigir la atención del público que ve la diapositiva hacia la lista que hay debajo del título. Todo está centrado. El título es lo último en lo que te fijas.

QUÉ HACEMOS

Contar historias
DISEÑO
Formación
Vídeo

EJEMPLO 5

Esta diapositiva usa el color y la escala para atraer la atención hacia uno de los elementos de la lista. Es una forma sencilla de mostrar a la audiencia por dónde vas en la presentación.

QUÉ HACEMOS

| Contar historias | | Diseño |
| Formación | | Vídeo |

EJEMPLO 6

Esta diapositiva usa la separación espacial. Se colocan dos elementos de la lista a un lado de una línea vertical y otros dos al otro. Esta organización hace que el público separe estos dos grupos mentalmente, ya sea intencionadamente o no.

Cuando consideres cómo distinguir entre los objetos en tu jerarquía, ten presente que no necesitas utilizar todos los métodos que hemos mostrado. «Para crear una elegante economía de signos, prueba a utilizar un máximo de tres pies o entradas para cada nivel o cambio en un documento.»[22] Escoge las técnicas que usarás a lo largo de tu presentación y no cambies de opinión una vez hayas elegido, de modo que la asistencia pueda identificar cómo se indica la jerarquía al cabo de unas cuantas diapositivas.

Cuando creas una diapositiva tienes un cierto grado de influencia sobre el orden en el que la gente leerá el texto y la posibilidad de que lo recuerden. En los ejemplos anteriores, las distintas jerarquías daban significados diferentes a la información, conferían distintos niveles de importancia o separaban la información en grupos claramente identificables. Usar algunas de estas técnicas para organizar la información reforzará tu presentación. Planifica en qué quieres que repare la gente primero que nada y lo que quieres que recuerden sobre todas las cosas. La jerarquía visual no es más que otra manera de gestionar la relación de tu diseño con tu público, o la estética de tu presentación. Organiza tu información en torno a este principio y estarás yendo un paso por delante de muchos presentadores.

TIPOGRAFÍA

El uso que hagas del texto y la tipografía es más que una mera decisión de qué queda bonito o no. Estas decisiones pueden afectar a la capacidad de tu audiencia para interpretar una diapositiva de manera eficaz y comprender la información que se muestra en ella. A continuación incluimos unas cuantas sugerencias a considerar cuando estés tomando decisiones sobre tu tipografía.

Fuente

Cuando abres tu programa para hacer presentaciones, bien eliges trabajar con una de las fuentes predeterminadas que incluye este, bien especificas otras fuentes que prefieres. Las fuentes son un medio gráfico para señalarse entre los millones de presentaciones que se hacen a diario. Y nos referimos a señalarse en el sentido positivo.

El 4 de julio de 2012, dos temas eran tendencia en la Red: el bosón de Higgs y Comic Sans. Ese día pasará a la historia como una fecha increíble para los físicos y muy mala para los amantes de la tipografía. Los científicos del CERN, la Organización Europea para la Investigación Nuclear, habían anunciado el descubrimiento del bosón de Higgs o la «partícula de Dios», un gran descubrimiento que «abriría la puerta a todo un ámbito nuevo dentro de la Física»[23]. En cambio, el tema del día para los amantes de la tipografía era que esa fuente despreciable, la Comic Sans, había sido la utilizada en la presentación que anunciaba el descubrimiento. Los días que siguieron estuvieron marcados por un sinfín de tuits y publicaciones graciosos al convertirse en virales varias capturas de pantalla de la presentación. La próxima vez que alguien te diga que, en realidad, la elección de la fuente no es importante cuéntales esta historia. Todo esto hizo que se enterara más gente del descubrimiento, pero todo era por haber elegido mal la fuente. Hazte un favor; no seas el protagonista de todos los chistes: encuentra una buena fuente.

Las fuentes también pueden contribuir a reforzar el tema o las sensaciones que comunica la historia que estés contando. Hay muchas fuentes diferentes pero vamos a centrarnos en los dos estilos principales, serif y sans serif. Una fuente serif se reconoce por las líneas cortas al final de los trazos. Una fuente serif tradicional puede utilizarse para dar un aspecto más conservador. Las fuentes sans serif generan un aspecto más moderno. También se usan para enfatizar por ser fáciles de leer. Las familias de fuentes dentro del paraguas de serif y sans serif no se ajustan necesariamente siempre a estas características generales. La gran variedad de fuentes disponibles te proporciona toda una serie de opciones que pueden irle bien a tu presentación específicamente.

¿Qué fuentes deberías usar entonces? La plataforma de presentaciones con la que trabajes te ofrecerá unas cuantas opciones iniciales. PowerPoint de Microsoft ofrece opciones de fuentes que tradicionalmente se utilizan para el resto de Microsoft Office. Prezi es una herramienta de presentaciones con base en la nube que incluye una serie de fuentes escogidas. Desde luego que puedes hacer el esfuerzo de buscar fuentes que quieras usar, algo que podría llevar un poco más de tiempo y provocar algún que otro problema de formateo, pero salirte de la norma te puede ayudar a destacar.

Hay recursos en Internet que te permiten descargarte fuentes a medida como UrbanFont, Lost Type o FontSquirrel. Ahora bien, las fuentes a medida no funcionan en todas las plataformas para presentaciones y la fuente debe descargarse en el ordenador

que estés usando para hacer la presentación. Este descuido tonto puede provocar que las diapositivas no tengan el aspecto que deben porque la fuente no se cargó correctamente. Siempre y cuando tengas en cuenta estas consideraciones, una fuente a medida puede ser verdaderamente una baza muy útil para destacar. A continuación incluimos una lista de algunas de las fuentes favoritas de Big Fish, tanto gratuitas como de pago:

───────── **DE PAGO** ─────────

Futura

Gotham

Helvetica Neue

Avenir

Akzidenz-Grotesk Condensed

───────── **GRATUITAS** ─────────

BEBAS NEUE

Roboto

Merriweather

FRANCHISE

Mission Gothic

Hay miles de fuentes entre las que elegir. Si vas a presentar en nombre de tu empresa, elige fuentes que esté establecido que representan bien tu marca. Pero, si tienes algo de libertad creativa, asegúrate de no utilizar más de tres fuentes en toda tu presentación. Los diferentes estilos de fuente pueden ayudar a desarrollar la jerarquía pero si hay demasiadas acaban confundiendo al público. Lo mejor es la simplicidad.

Finalmente, acuérdate de que una fuente desempeña un papel fundamental. Su legibilidad es clave. Elegir una fuente legible es un servicio que prestas a tu audiencia. La razón de ser de la diapositiva es actuar como referencia para tu presentación o, en otros casos, servir de guía de lectura primaria para moverse por toda la información.

Tamaño del texto

¿Recuerdas la presentación horrible que sirvió de catalizador para que surgiera Big Fish? Cada diapositiva tenía veinte puntos de enumeración, el tamaño de la fuente empleada era de 8 puntos y contenía unos cuantos cientos de palabras. Nunca jamás le hagas esto al público

Muchos oradores confían en sus diapositivas como muleta con la que suplir su falta de preparación. Así pues, llenan todas las diapositivas de información para poder leerla. Cuando dejes de utilizar tus diapositivas como una muleta y empieces a considerar el impacto que tus elementos visuales puedan tener

en la asistencia, te darás cuenta de que la simplicidad es siempre lo mejor. Con el siguiente ejemplo te mostramos a qué nos referimos.

Las soluciones 1 y 2 son ambas formas valiosas de desglosar tu información en fragmentos digeribles. Ahora bien, ten presente que si optas por la solución 2, desglosar las diapositivas acabará resultando en una presentación mucho más larga. Esto puede ser más difícil pero al final salvará al público de sufrir una sobrecarga de información. Que tus diapositivas no pasen de 20 palabras como mucho. Al marcarte un límite de palabras haces que tu mensaje impacte más. Simplificar una idea compleja para convertirla en información de pequeñas dimensiones y fácil de digerir es una de las habilidades más valiosas que puede llegar a aprender cualquier comunicador.

Otro aspecto a mencionar sobre las diapositivas de muestra es el cambio en el tamaño de la fuente. La primera diapositiva tiene el tamaño de fuente más pequeño mientras que todas las demás diapositivas emplean una fuente más grande, unos treinta puntos mayor, que a la audiencia le resulta más fácil de leer. Al igual que ocurre con la elección de la fuente, la legibilidad es fundamental a la hora de decidir sobre el tamaño de la fuente.

Hay situaciones en las que podrías querer poner algo más de información en las diapositivas y no pasa nada. Cuando una presentación se utiliza como documento informativo que se enviará a un grupo de personas, las diapositivas no

Forjar reconocimiento

- Las fuentes que tengas en tu presentación podrían ser los elementos visuales que más recuerde el público.
- Quieres que la audiencia recuerde la marca de tu empresa.
- Una buena tipografía establece el tono de toda la presentación.
- La tipografía puede ser una característica memorable de tu empresa.
- Puede ser que las fuentes sean con lo que se identifiquen una y otra vez quienes asisten a la presentación.

EJEMPLO

Esta diapositiva tiene 67 palabras en una fuente pequeña. Si estuvieras sentado en una conferencia, ¿invertirías el tiempo necesario en leer todo esto? No, nadie lo haría. Lo que quiere el público es centrarse en escuchar al orador.

Forjar reconocimiento

Las fuentes son memorables y pueden representar a tu marca. Deja que la tipografía marque el tono.

SOLUCIÓN 1

Haz una declaración sencilla. Sé tú quien dé las explicaciones en vez de dejar que sean tus diapositivas las que lo hagan.

② Forjar reconocimiento

········

SOLUCIÓN 2

Otra técnica es desglosar la información en fragmentos más pequeños y digeribles. Echa un vistazo a las próximas tres diapositivas.

(continúa)

Las fuentes que tengas en tu presentación podrían
ser los elementos visuales que más recuerde el público.

SOLUCIÓN 2 *(continúa)*

Cada uno de los tres puntos principales tiene su propia diapositiva. El orador puede así explicar cada punto en un tiempo adecuado, al tiempo que la asistencia se puede centrar en ellos uno a uno.

Quieres que la audiencia recuerde
la marca de tu empresa.

SOLUCIÓN 2 *(continúa)*

Esto no siempre resulta fácil para el orador, pero es la forma más fácil de que la gente digiera la información.

(continúa)

Una buena tipografía establece
el tono de toda la presentación.

SOLUCIÓN 2 *(continúa)*

Además también se reduce el revoltijo de elementos desordenados y se deja espacio para fotografías y gráficos memorables.

desembocarán en una sobrecarga de información siempre y cuando el público se pueda tomar el tiempo de sentarse y leerse la presentación. Además, puede que tener más información en una diapositiva sea positivo cuando las presentaciones se van a publicar en una página web del tipo de SlideShare[24]. SlideShare es una página web a la que puede subir sus presentaciones gente de todo el mundo. Es el YouTube de las presentaciones. Cuando los usuarios navegan por páginas web de este tipo, los lectores tienen tiempo de digerir la información a su propio ritmo. En ambos casos el juego de diapositivas es el punto local de entrega de información. Esto es muy diferente a una charla real en la que el orador es el centro de atención.

Maquetación

Al diseñar la disposición de un texto, la maquetación, considera el uso de espacio blanco y el efecto que la monotonía podría tener sobre las diapositivas.

El espacio blanco es la parte de la diapositiva que no está ocupada por texto, gráficos o fotos. Utiliza el espacio blanco para evitar que tus diapositivas resulten sobrecargadas o abigarradas. Usar espacio vacío o negativo —otros términos para designar al espacio blanco— en una diapositiva también evita que el texto sea demasiado extenso. El texto demasiado extenso puede crear un aspecto tosco y distraer al público durante la presentación. El espacio vacío también da a tu

diseño un marco visual. Muchas presentaciones utilizan plantillas ya disponibles que poseen elementos gráficos que enmarcan la información en la diapositiva. El espacio blanco puede ser un modo muy eficaz, sencillo y limpio de conseguir el mismo resultado.

Si bien el espacio blanco puede ayudar a la audiencia a centrarse en los puntos importantes, en cambio la monotonía —nuestra segunda fuente de preocupación en lo que a la disposición de los elementos se refiere— acaba con la atención.

Sin poetas, sin artistas, los hombres no tardarían en aburrirse con la monotonía de la naturaleza.

Guillaume Apollinaire

Puedes rehuir la monotonía evitando utilizar la misma disposición previsible para todas tus presentaciones. Sé creativo. Establece una jerarquía textual para destacar las diapositivas que consideres las más importantes e impactantes.

Esos cambios mantendrán al público atento. Márcate como objetivo que se esté preguntando todo el tiempo qué habrá en la próxima diapositiva.

———

Usando el espacio blanco de manera sensata y utilizando técnicas para evitar la monotonía, crearás diapositivas que no solo son legibles sino también memorables.

MATERIAL GRÁFICO

La fotografía es el único lenguaje que se comprende en cualquier lugar el mundo.

BRUNO BARBEY

Fotografía

La fotografía es una manera trascendente de contar historias increíbles. Más aún: una sola foto puede potencialmente captar una historia completa.

En el año 2011, el mundo vivía la Primavera Árabe. Se produjeron revoluciones en varios países cuando la gente se alzó en contra del despotismo y la tiranía. La fotografía de la página siguiente se tomó en plena revolución en El Cairo y en ella se ve cómo unos cristianos protegen a unos musulmanes mientras rezan. La instantánea ilustra la solidaridad entre creyentes de distintas religiones. Se utilizó en las noticias de los medios más diversos por todo Occidente. Esta foto simbolizó por sí sola toda la revolución egipcia.

Las fotos potentes como esta dejan huella en el público, que no se queda justo con un mero sentimiento sino con mucho más, con una idea clara de toda una historia o una experiencia. Por más que no todas las fotografías incluidas en una presentación pueden tener este tipo de impacto, sin duda es un buen ejemplo de cómo la fotografía puede ayudar al ponente a contar una historia de una manera memorable y plena de sentido.

Encontrar fotos

Cuesta encontrar buenas fotos. Se puede hacer de dos maneras. La primera es salir ahí fuera y tomarlas tú.

No estamos diciendo que te conviertas en fotógrafo profesional, pero nos encantan las fotos representativas de tu historia y tus experiencias. Nos parece que pueden ser un gran elemento a añadir a una presentación porque constituyen una

REVOLUCIÓN EGIPCIA

Plaza Tahrir, 2011

Nevine Zaki

forma de involucrar al público, de que se zambulla más en lo que les cuentas. Ahora bien, no cabe aplicar esto a todos los tipos de presentaciones. Y, sin embargo, si le echas creatividad puede que identifiques escenarios que sería genial documentar como parte de una presentación.

Scott Harrison, fundador de Charity: Water tiene una presentación que supone un ejemplo magnífico de cómo las fotografías sirven para ilustrar una historia[25]. En su charla en la LeWeb Paris de 2012, cuenta la historia de un cambio radical en su vida y de la creación de Charity: Water. Habla de su pasado de promotor de club y lo ilustra con fotografías suyas de aquella época. Y luego describe una experiencia que cambió su vida. Se había ofrecido voluntario como fotógrafo en África y documentó las deformidades que padecían quienes se habían visto afectados por el agua contaminada. Tras ser testigo de aquellos efectos devastadores, creó Charity: Water y documentó a través de fotografías su experiencia durante esa etapa de gran transformación en su vida y el increíble trabajo que su ONG está haciendo para cambiar el mundo. Pese a que

El consejo de Kenny

Para las presentaciones corporativas, de ventas y de inversión, recomiendo utilizar fotos auténticas tomadas por ti o tu empresa en vez de las de banco de fotos. La gente le compra a la gente. Es más fácil para la audiencia relacionarse con gente real que con modelos posando aleatoriamente. No tengas miedo a mostrar quién eres.

Scott es un presentador y narrador de historias increíble, son sus fotografías las que lograron que su público se zambullera en su historia. Puede que no todos seamos fotógrafos profesionales, pero todos tenemos la oportunidad de documentar las experiencias importantes de nuestra vida.

La otra forma de hacerlo es usar el trabajo de otro fotógrafo, bien sea pidiéndoselo directamente, bien a través de empresas que se dedican a la venta de imágenes con sus propios bancos de fotos. Buscar en las colecciones de las empresas que se dedican a comercializar bancos de fotos puede resultar muy eficaz en términos de tiempo, y es fácil encontrar buenas fotos para utilizar en una presentación. Cuando estás preparando una presentación y tienes en la cabeza un millón de cosas, el tiempo es clave. Ahora bien, hay toda una serie de problemas que surgen cuando se usan de manera incorrecta los bancos de

fotos. Hablemos de los principales errores que suelen cometerse y qué se puede hacer para remediarlos.

La calidad de las fotos es algo que muchos presentadores novatos pasan por alto cuando usan imágenes. Muchos de ellos encuentran alguna foto a través de un buscador y la copian y pegan directamente en sus presentaciones. Esta no es solamente una manera fácil de meterte en problemas por usar la fotografía de otra persona sin permiso, sino que, además, la imagen resultante puede ser de muy baja resolución y altamente pixelada. El mensaje se pierde cuando la gente no es capaz de ver lo que la foto quiere ilustrar. Si los integrantes del público acaban teniendo que hacer esfuerzos por desentrañar qué les estás enseñando, la imagen se convierte así en una distracción.

Estas dos diapositivas ilustran cómo una fotografía de baja resolución y pixelada puede afectar negativamente una presentación. El ejemplo 1 se puede leer fácilmente y la foto muestra un hermoso paisaje africano. El ejemplo 2 está tan pixelado que distorsiona los detalles de la imagen. Una fotografía de baja calidad también puede perjudicar tu credibilidad, pues se puede interpretar como que no te has pasado suficiente tiempo buscando los elementos visuales adecuados o no eres suficientemente meticuloso en tu trabajo.

Hay unas cuantas situaciones en las que se pueden usar fotografías pixeladas o de baja calidad y que aun así resulten memorables. Cuando usas fotos antiguas para ilustrar una

EJEMPLO 1

Esta diapositiva utiliza una fotografía de alta calidad.

EJEMPLO 2

La fotografía de baja calidad distrae del mensaje.

historia sobre tus propias experiencias o para incidir en un momento histórico, no necesitas vestir las imágenes; el público comprenderá por qué las fotos no son de máxima calidad.

Piensa en todas las presentaciones aburridas que has tenido que tragarte en la vida. ¿Te acuerdas de la diapositiva con el hombre de negocios tendiendo la mano para estrechar la de un supuesto interlocutor? ¿Y la típica con la imagen de unos pulgares hacia arriba? Nosotros también nos acordamos de ellas y hemos visto esas mismas fotos manidas cientos de veces. Las imágenes típicas y tópicas son un mal muy extendido en el mundo del marketing en la actualidad. Se trata de las mismas fotos que ves en las páginas web de millones de pequeñas empresas y en cientos de presentaciones de aficionados. Cuando busques fotos para una presentación, no te atengas a lo que se espera. Usar una foto que el público ya ha visto mil veces es peor que no utilizar ninguna en absoluto. Si muestras una fotografía, intenta no presentar el concepto que tratas de

ilustrar de forma superficial. Identifica los elementos clave de lo que quieres decir y no uses las típicas palabras de moda.

Echa un vistazo a estas diapositivas. El ejemplo 1 usa una imagen de banco de fotos que hemos visto millones de veces. Haz una búsqueda del término «crecimiento de negocio»; verás que es una de las primeras imágenes que aparecen: un dedo apuntando en dirección ascendente sobre el consabido gráfico de barras para ilustrar el crecimiento y un fondo donde se adivinan los continentes del mundo para simbolizar nuevos mercados. Se comprende fácilmente y es relevante. Eso es bueno. Pero también está muy vista.

Ahora bien, si Austin, Texas, representa el mercado en el que más habéis crecido, entonces resáltalo con una fotografía de los edificios de la ciudad recortados sobre el horizonte como en el ejemplo 2. Es sencillo y relevante pero también está específicamente relacionado con tu presentación.

En los últimos **10 años**, hemos asistido a grandes crecimientos en nuevos mercados.

EJEMPLO 1

Este es el ejemplo arquetípico de fotografía estereotípica.

En los últimos **10 años**, hemos asistido a grandes crecimientos en nuevos mercados.

EJEMPLO 2

Esta foto es más evocadora.

Cuando busques una foto, ten cuidado con esas que parecen preparadas. A todos nos vienen a la mente las típicas imágenes de personas u objetos sobre un fondo blanco… Las fotos preparadas pueden parecer poco auténticas. En Big Fish nos encantan las fotografías de experiencias reales con gente real, pero estas no están siempre disponibles, en cuyo caso lo que puedes hacer para remediarlo es utilizar imágenes que parezcan más naturales y con las que el público, por tanto, conecte más fácilmente.

Con todas estas reglas en mente, ¿dónde encontrar imágenes de alta calidad? Big Fish acude a las páginas web de bancos de fotos como iStock y Shutterstock (encontrarás más recursos fotográficos al final del libro), que tienen miles de fotos con las que destacar en medio de la multitud.

Otro activo relativamente nuevo que puede ayudar a los presentadores a la hora de encontrar fotos únicas es Offset[26], una filial de Shutterstock que adopta un nuevo enfoque de lo que es un banco de fotos e incluye una amplia colección de imágenes gestionada por artistas galardonados de todo el mundo. Pese a ser más cara que otras opciones, esta página web incluye una base de datos de fotos preciosas que puede ayudar a los presentadores a contar sus historias a través de las fotografías.

Dos herramientas que funcionan de maravilla para los sectores del software y las redes sociales son uiFaces y Placeit. UiFaces es una web que ofrece avatares para maquetas de interfaces de usuario y páginas web activas (el uso comercial solo está disponible desde la correspondiente sección autorizada)[27]. Esta es una manera de conseguir imágenes con gente «real» —y no las típicas imágenes de banco de fotos— para tus presentaciones. Puedes utilizar estas fotos avatar para presentaciones con demostraciones de producto o en torno a las redes sociales. Placeit es genial para desarrolladores de apps que necesitan incluir capturas de pantalla de aplicaciones o páginas web en fotografías de marcos, tabletas u ordenadores[28]. Se trata de una forma rápida y bonita de hacerlo sin tener que recurrir a complicados programas de diseño.

EJEMPLO 1

Resulta evidente que es una foto preparada.

EJEMPLO 2

Esta foto tiene un tono más realista y natural.

Utilizar fotos

Has decidido sustituir tus imágenes *clipart* estereotípicas por una imagen fantástica. O tenías un montón de información, pero en vez de ponerla toda en tu presentación has optado por utilizar una foto para comunicar el mismo concepto. Estos son ya unos primeros pasos muy positivos. Un presentador puede encontrar una foto que exprese mucho e incluirla en una diapositiva, pero también puede acabar reduciendo el impacto de la foto si no la utiliza bien. Cuando se muestra una foto en una presentación, a nosotros nos gusta tener siempre en mente unos cuantos factores importantes.

UBICACIÓN Y MARCOS

Muchos presentadores se limitan a plantar la foto en la diapositiva sin pensar demasiado. Sencillamente la ponen ahí sin más. A nosotros nos gusta conferirle un propósito. Una manera de hacerlo es simplemente añadir un marco alrededor. Un marco retiene la foto a efectos visuales y hace que esta resulte más fácil de mirar para los ojos. Consideremos los dos primeros ejemplos. Ambos incluyen la misma foto estupenda, pero la diapositiva que la muestra enmarcada parece más plena de intención. Muchas de las plataformas de presentaciones más conocidas poseen opciones de marcos que te permiten hacer esto. A nosotros nos gusta decir que el marco le da a la foto un sentido, un propósito, que indica que quieres que la foto esté donde está.

Otra forma de ubicar una foto en una diapositiva es colocarla a sangre. «A sangre» es un término de diseño gráfico que significa colocar la imagen de modo que ocupe todo el espacio hasta los bordes. Esto permite al público ver los detalles de la foto. Deberías hacer esto en caso de que ver los detalles mejore la comprensión y si la foto es en sí un punto importante del que hablarás durante la presentación.

EJEMPLO 1

Foto sin marco.

EJEMPLO 2

Foto con marco.

EJEMPLO 3

Transparencia con fotografía a sangre.

INTERACCIÓN CON OTRAS FOTOGRAFÍAS O TEXTO

Una de nuestras mayores manías en lo que al diseño se refiere, es el revoltijo en las diapositivas. «Tenemos 20 fotos buenísimas de este evento para la presentación. Pongámoslas todas en una diapositiva.» Al igual que ocurre con la sobrecarga de información, los presentadores pueden crear una diapositiva que tenga sobrecarga de imágenes. Una y otra vez, nos encontramos con gente a la que le encantan sus fotos y prefieren meter 10 imágenes en una sola diapositiva en vez de una única imagen fantástica. Nadie es capaz de apreciar todas las fotos, lo cual reduce el impacto y el atractivo de cada fotografía a título individual. Si todas las fotos son increíblemente importantes, distribúyelas en varias diapositivas. Si las imágenes no son absolutamente necesarias, elige la que mejor exprese lo que estés tratando de comunicar. Así el público podrá captar toda la información que recoge la fotografía y apreciará cómo la estás utilizando para contar tu historia.

EJEMPLO 1

Esta diapositiva tiene demasiadas fotos.

Combinar texto y fotografía es otro aspecto complicado. En este caso, tienes que estar atento para evitar no ya la sobrecarga de imágenes sino la sobrecarga de información. Cuidado con que el diseño de tu diapositiva vaya en detrimento de la capacidad de la audiencia para comprender la diapositiva, lo que reduciría el impacto y supondría una distracción.

Cuando uses texto en una diapositiva, con o sin foto, mantén la información a niveles mínimos. Esto es particularmente importante cuando se colocan grandes cantidades de texto sobre una foto. El texto no solo crea sobrecarga de información, es que además se convierte en una distracción visual que cuesta leer.

EJEMPLO 2

Utiliza una sola foto para comunicar tu mensaje.

LA REGLA DE LOS TERCIOS

Uno de los principios más importantes es la regla de los tercios[29], que consiste en dividir la fotografía aplicándole una cuadrícula de 9 secciones definida por tres franjas en sentido vertical y otras tantas en sentido horizontal. Cuando divides así la foto o la diapositiva, hay puntos que tienden a convertirse en focos de atención visual. Utiliza estos puntos como guía para ubicar el texto en la diapositiva, a sabiendas de que los ojos del público se dirigirán a esa sección. Fíjate en los siguientes ejemplos sobre cómo utilizar la regla de los tercios.

EJEMPLOS

Dos buenos ejemplos de cómo dirigen la mirada los fotógrafos utilizando la regla de los tercios.

EJEMPLO 1

Esta diapositiva utiliza un icono demasiado complicado.

EJEMPLO 2

Utilizar iconos sencillos mejora la comprensión.

Iconos

Otra herramienta fantástica para expresar una idea con ilustraciones es un icono o un gráfico. Al igual que una fotografía, los iconos pueden sustituir imágenes *clipart* cursis o grandes cantidades de texto. Un icono es una forma gráfica de representar un concepto o idea.

La mayoría de nuestras sugerencias sobre fotografía se pueden hacer extensibles a los iconos: deberían ser de alta calidad, auténticos, relevantes... Pero, además, tenemos otra sugerencia adicional: que sean sencillos. Muchos cometen el error de utilizar un icono que es demasiado complicado, lo cual diluye el poder de su mensaje.

Puedes encontrar iconos y gráficos en las principales páginas web de bancos de fotos que ya hemos mencionado. No obstante, algunos están en formato vectorial para diseñadores gráficos y, si no eres diseñador, es difícil conseguir un icono de alta calidad utilizando este tipo de archivos. Una herramienta gratuita para no diseñadores y diseñadores es Captain Icon[30], que proporciona al usuario acceso libre a 350 iconos que pueden descargarse en png y formato vectorial. Iconion[31] es otra. Esta herramienta superchula permite a los no diseñadores crear diferentes tipos de iconos utilizando estilos de diseño específicos para sus presentaciones. Prezi también tiene una librería de iconos sencillos que se pueden utilizar dentro del programa. Acuérdate de considerar la funcionalidad y la sencillez, y asegúrate de que lo que escojas funcionará con el programa que estás utilizando.

MOVIMIENTO

Animación

¿No sería estupendo si todo el mundo tuviera el talento de un animador de Pixar? Imagina que tu presentación es tan fascinante como *Toy Story* o *Buscando a Nemo*. Claro, la realidad es que ni nosotros ni tú somos un animador de Pixar (bueno, salvo que de hecho tú lo seas). Animar elementos de tu presentación puede hacerla más interesante, y eso te hará destacar. La animación puede mejorar la estética de tu presentación, lo cual ayuda al público a comprender lo que estás intentando decir. Hay cientos de combinaciones diferentes de animaciones que puedes usar en plataformas de presentaciones como Keynote y PowerPoint, y algunas, como Prezi, usan el movimiento de una forma completamente diferente. Vamos a repasar algunos de nuestros ejemplos de animación favoritos y mencionar unos cuantos pecados capitales.

PROCESO

Creemos en transformar algo complicado desglosándolo en elementos más sencillos y digeribles. Si logras simplificar y utilizar la animación para ayudar a ilustrar todos y cada uno de los pasos del proceso, conseguirás que se entienda mejor.

Supongamos que tienes un proceso complicado que has simplificado convirtiéndolo en un diagrama de flujo o un proceso visual. Una manera de ilustrarlo es animar cada elemento del proceso individualmente a medida que vayas hablando de cada paso. Cuando termines, el público tendrá una idea clara de los pasos que has dado hasta el resultado final, todo en un único flujo.

Usar la animación para ilustrar un proceso o línea temporal hace que la diapositiva tenga más impacto.

PROCESO 1

Esta animación muestra cómo la presencia de una tienda…

PROCESO 2

… estimula el crecimiento de la comunidad.

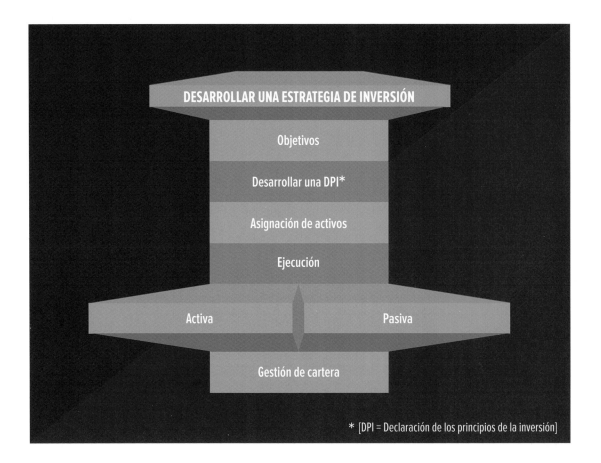

CONTRASTAR 1

Si tienes una lista o un grupo de objetos, utilizar la animación para mostrar un contraste centra la atención en un punto específico.

CONTRASTAR

Utiliza la animación para mostrar contrastes importantes en tu información. Por ejemplo, digamos que tienes una lista de los principales objetivos de una iniciativa. Usa la animación y las herramientas que has aprendido en la sección sobre jerarquía para resaltar cada punto a medida que lo vayas comentando. Cambia el color, el tamaño y el espaciado para conseguir que la información destaque.

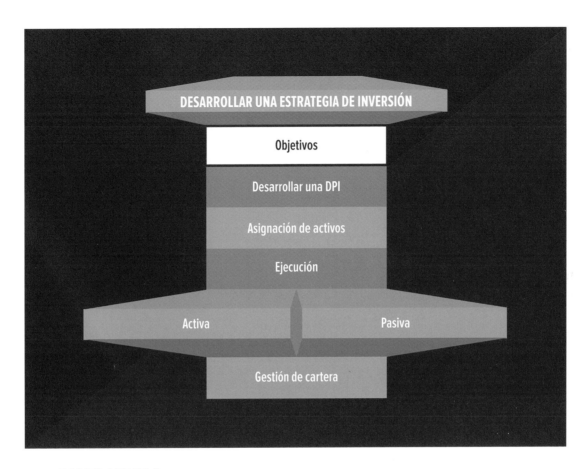

CONTRASTAR 2

Esta diapositiva resalta el punto que se está tratando en un color diferente. Así el público sabe en qué centrar la atención.

LO HACEMOS
sencillo.

REVELAR 1

Esta es una captura de pantalla de la Prezi que creamos para Big Fish. Los peces representan las ideas. La red es una metáfora de cómo Big Fish combina y refina estas ideas.

REVELAR

La gran revelación. Esto es algo que nos encanta hacer utilizando la plataforma de presentaciones Prezi. Es una manera gráfica de acompañar a tu audiencia en un recorrido por unas cuantas diapositivas para luego alejar el zoom y mostrar la «gran imagen de conjunto». Hay otras plataformas de presentaciones que también pueden ilustrar revelaciones, pero el estilo de lienzo de Prezi te permite verdaderamente hacerlo de un modo muy atractivo. En una Prezi que nos hicimos para nosotros, utilizamos los peces como metáfora de las ideas. Mostramos unos cuantos peces atrapados en una

REVELAR 2

Hacemos zoom hacia fuera y hacia arriba para revelar que el trabajo de Big Fish es captar todas estas grandes ideas. La plataforma Prezi es ideal para esta gran revelación.

red. Luego alejamos el zoom para revelar que un barco que representa a Big Fish tira de la red. Hemos empezado con un elemento específico y alejamos el zoom para mostrar la imagen completa.

Cuéntalo de manera sencilla y con intención. Mejora tu historia. Sin duda todos recordamos las increíbles animaciones que produce Pixar, pero con lo que nos quedamos incluso más es con las historias hermosas. La animación es sencillamente una manera de contar historias.

Se incrementó la dificultad de acceso a la universidad

Transiciones

¡Silbido, explosión, pam!: y ahora lee esta diapositiva. ¿Has visto una versión de estas transiciones en una presentación? Las malas transiciones llevan molestando al público desde la primera década de 2000.

A nosotros nos gustan las transiciones tipo *Desvanecer* y *Empuje* si se usan plataformas como PowerPoint y Keynote. Los difuminados son una manera sencilla pero elegante de pasar de una diapositiva a otra. A veces, en el cine, los directores eligen un difuminado en vez de un corte abrupto para crear una transición suave a la escena siguiente. Para las presentaciones el principio básico es el mismo. Las transiciones de empuje tratan la siguiente diapositiva como una continuación de la anterior.

TRANSICIONES

La primera diapositiva establece el concepto y utiliza una transición de empuje hacia abajo para crear la ilusión de que las diapositivas son un conjunto artístico continuo.

Distracciones

Hemos visto cómo, para cientos de presentadores que usan transiciones y animación, estas herramientas acaban convirtiéndose en un impedimento y distrayendo al público del mensaje. Para evitar que eso suceda, hazte a ti mismo dos preguntas.

¿ES DEMASIADO?

Digamos que tienes cinco elementos de diseño en una diapositiva: un título y dos juegos de texto, cada uno rodeado por un recuadro. Quieres animar todos los elementos individualmente, uno detrás de otro. No suena demasiado mal pero, pongamos por caso que haces esto durante veinte diapositivas: cinco elementos animados multiplicados por veinte diapositivas son 100 elementos animados en una presentación. Es demasiado. Si quieres que la gente preste atención a tu charla pero tienes 100 elementos animados apareciendo a tus espaldas mientras hablas, sé consciente de que el centro de su atención dejará de ser lo que estés diciendo y pasará a localizarse en lo que esté apareciendo detrás de ti. Usa la animación con cuentagotas y mucho cuidado. Es muy fácil caer en el error de sobrecargar visualmente al público.

Lo mismo puede decirse de las transiciones. No utilices las transiciones en todas las diapositivas. Revisa tu presentación y asegúrate de que el centro de atención sea lo que estás tratando de comunicar y no cómo se deslizan por la pantalla tus diapositivas dando paso a la siguiente.

¿ES EXCESIVO?

Si nunca te has hecho esta pregunta, entonces probablemente la respuesta es sí. Las plataformas de presentaciones ofrecen muchas opciones de transiciones y animación sencillas y agradables visualmente, pero también hay muchas que son muy malas. Mantente a distancia de exageradas transiciones animadas en 3D y de la animación demasiado compleja.

El consejo de Kenny

Si no logras decidirte por una combinación adecuada de transiciones, mejor que las elimines del todo. Así reducirás el riesgo de complicar en exceso el juego de diapositivas en detrimento del propósito inicial de estas. Si tu presentación está bien diseñada, la gente no echará de menos las transiciones.

Vídeo

A la gente le encantan los vídeos. A medida que los presentadores redoblan sus esfuerzos por atraer constantemente la atención del público, hemos asistido a un dramático incremento del uso de los vídeos en las presentaciones. Nos los encontramos en los lanzamientos de producto a nivel mundial, en pequeñas presentaciones de ventas, en discursos inspiradores… Por todas partes. Viendo cómo Apple abre con un bello vídeo de marca sobre el nuevo iPhone antes de que el presentador salga al escenario, uno no puede dejar de preguntarse cómo usar el vídeo para cautivar a la audiencia.

Al igual que ocurre con las fotos, en realidad solo hay dos maneras de obtener vídeos para tus presentaciones: crear tu propio vídeo o utilizar el de otro. Para cualquiera de las dos opciones, hay unas cuantas consideraciones que deben tenerse presentes cuando se usa el vídeo en las presentaciones.

ESTÁS APARTANDO LA ATENCIÓN DE TU PERSONA

Esto no tiene por qué ser un problema si te ayuda a comunicar tu idea y si estás cómodo interrumpiendo el fluir de la presentación. Asegúrate de que los vídeos sean muy breves y comprueba que el público siga interesado. No es imposible hacer una presentación increíble usando vídeos de 10 minutos, pero yo no lo aconsejaría.

ESCOGER EL MOMENTO LO ES TODO

El mejor uso posible de los vídeos, por lo general, siempre ha sido como apertura poderosa o cierre potente. Una apertura poderosa puede establecer el tono para el resto de la presentación y puede ayudar a la hora de mantener al público interesado. Por otro lado, cuando cierres con un vídeo, recuerda que es con lo último con lo que se quedará la audiencia. Asegúrate de que cuente.

Es verdad que los grandes presentadores no tienen que limitar su uso del vídeo al principio o al final, pero ten mucho cuidado cuando utilices el vídeo en mitad de la presentación: podría cortar el ritmo de esta y hacer que resulte difícil volver a coger el ritmo de la charla. Decide qué es lo que mejor funciona para el fluir de tu presentación.

ASEGÚRATE DE QUE SEA RELEVANTE

Si vas a hacer un vídeo específico para la presentación seguramente no te tendrás que preocupar por esto, pero si estás usando el contenido de otros, hay más posibilidades de que el vídeo se desvíe ligeramente del tema. Asegúrate de que, escojas los vídeos que escojas, sean relevantes con respecto al tema y contribuyan positivamente a lo que estés diciendo.

APELA A LAS EMOCIONES Y CONSIDERA LA BELLEZA

Cuida los vídeos que emplees: al igual que las fotos, los vídeos pueden crear un efecto muy potente al tiempo que comunican información importante.

La belleza no gira únicamente en torno a la calidad de las imágenes o la frescura de los gráficos. Sé creativo. Durante la Conferencia Google I/O de 2012, en vez de usar un vídeo de marca que mostrara Google Glass, la empresa optó por conectar por videoconferencia con un grupo de paracaidistas acrobáticos que llevaban puestas las gafas mientras saltaban sobre el lugar en que se celebraba la conferencia. Cuando piensas saliéndote de lo establecido, puedes usar el vídeo de modo que cree una experiencia memorable para tu público.

Vídeos y exposición

Kenny aprendió de primera mano lo importante que es prepararse cuando usas vídeos en tu presentación: había tomado la decisión de utilizar un vídeo grabado anteriormente con el que él interactuaría cuando lo presentaran en el momento de subir al escenario; la idea era que pareciera que estaba charlando por vídeo con la persona que lo estaba presentando. Una idea muy chula. En teoría. Aprendió dos lecciones importantes:

- *Ensaya*. Cuando uses vídeo, asegúrate de que practicas cómo hacer la transición entre el vídeo y tu charla.

- *Infórmate sobre el lugar de la presentación*. Esto es muy importante. No siempre podrás ver de antemano dónde vas a presentar, pero deberías intentarlo a toda costa. Si Kenny hubiera visto el lugar antes de la charla habría sabido que entraría en la sala quedando en un ángulo raro respecto del vídeo y que la pantalla era pequeña como para que la pudiera ver todo el público. Cuando ocurren este tipo de contratiempos, el increíble vídeo que habías pensado mostrar acaba convertido en una especie de jarro de agua fría que corta el ritmo de la presentación y deja a la audiencia sintiéndose incómoda.

En caso de que se dé un contratiempo, amóldate a la circunstancia. Kenny se echó la situación a la espalda y siguió con la presentación. Los grandes presentadores aprenden a adaptar su material (contenido, diseño, exposición) a cualquier situación, dejando el ego a un lado para cambiar lo que haga falta con el fin de lograr el máximo impacto.

El consejo de Kenny

Cuando uses vídeo en tu presentación, piensa más allá de PowerPoint y Keynote. Yo uso un vídeo de un logo completamente animado de Big Fish en mi diapositiva de apertura (cuando tu empresa se dedica a las presentaciones, la gente espera que los dejes boquiabiertos). Al añadir pequeños elementos de vídeo, puedes crear una presentación que parezca tener elementos de animación que serían imposibles en la típica PowerPoint. ¿No eres videoartista ni artista del movimiento? ¡Ningún problema! Páginas web como Animoto (fácil) y Animatron (más difícil pero que te permite personalizar más) son herramientas fantásticas que te ayudarán a crear videoclips animados.

DATOS

Los datos están por todas partes

Ya hemos mencionado los datos con anterioridad cuando hablábamos de la creación de tu contenido. Comentábamos entonces cómo transformar los datos para que dejaran de ser meras estadísticas y se convirtieran en algo relevante que puede suscitar emociones. En esta sección vamos a mostrarte cómo convertir los datos puros y duros en una imagen impactante. Vamos a hablar de cómo hacer que los datos signifiquen algo.

Los datos están por todas partes. Consumimos datos todo el tiempo y de muchas formas. Cada retuit, cada «me gusta», las actualizaciones de estado y las noticias que compartimos en las redes sociales son datos. Para quienes tratan de utilizar los datos para marcar la diferencia, cada vez es más importante visualizarlos.

Muchas de las presentaciones que se dan en la actualidad se basan en datos o implican el uso de los mismos. Un consejero delegado que presenta los resultados del trimestre, un joven emprendedor que expone su siguiente gran idea a un inversor de capital riesgo, una agencia de publicidad que analiza cómo recibe el público el nuevo anuncio de su cliente… Todos están apelando al *logos* o razón. Todos estos presentadores quieren mostrar a la audiencia los hechos y persuadir empleando la lógica. Utilizar estadísticas es una forma eficaz de hacerlo pero no es la única forma de convencer. La gente tiene que ser capaz de mostrar esta información de una manera visual. No queremos únicamente que el público comprenda los datos. Queremos que comprendan la historia que hay detrás de los datos. Aquí es donde entra en juego la visualización de los datos.

Visualizar tus datos

¿Cómo convertirías una colección de tuits recientes en un gráfico interesante que muestre las noticias de las que más se habló en 2014? Pues puedes hacer una tabla, un gráfico, un diagrama de árbol o algún otro tipo de representación visual que convierta esos datos en algo fácilmente digerible para la asistencia.

En su charla TED de 2010 sobre la visualización de datos, David McCandless habla de hacer que tu información signifique algo[32]. McCandless empieza su charla con la idea de que en todo el planeta se están gastando miles de millones de dólares y nadie parece saber cómo expresar números de semejante magnitud de un modo que todo el mundo pueda entender, y utiliza este bello diagrama para mostrar estadísticas importantes que no se entienden fácilmente. El

Miles-de-Millones-de-Dólares-O-Gram, gráfico cortesía de Information is Beautiful. La visualización de los datos está recortada; puede consultarse la imagen completa en InformationIsBeautiful.net

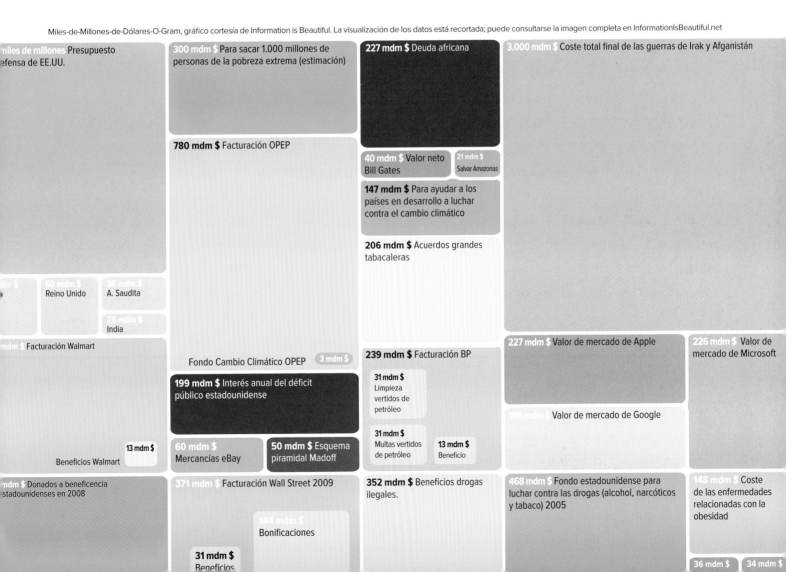

diagrama muestra que Estados Unidos dona más de 300.000 millones de dólares a otros países, cifra fácilmente comparable con los 120.000 millones de dólares donados por las 17 naciones más industrializadas en su conjunto, excluido Estados Unidos. El diagrama incluye otros miles de millones célebremente debatidos en los medios, de modo que no solamente se vean los números sino que se pueda ver su envergadura en términos relativos.

«Necesitamos cifras relativas que se relacionen con otros datos de modo que podamos ver un panorama más amplio, y luego eso a su vez nos puede llevar a cambiar de perspectiva», dice David McCandless. Esto es lo que intentan hacer los presentadores. Nosotros intentamos marcar la diferencia con nuestras historias; intentamos cambiar la perspectiva del público.

Diagramas, gráficos y otros elementos que no suenan de maravilla

¿Cuáles son algunas de las formas en que podemos convertir nuestros datos en elementos visuales de aspecto maravilloso y que además signifiquen algo? Como presentadores, disponemos de las típicas herramientas para organizar los datos: PowerPoint, Excel, Pages y Numbers. Podemos escoger el tipo de visualización que vamos a usar: gráfico de barras, gráfico de líneas, diagrama circular, etc. No tomamos nuestras decisiones en función de lo que sea más bonito; decidimos según lo que muestre mejor los datos.

A continuación ofrecemos unas sugerencias sobre cómo usar cada uno de los principales tipos de gráficos.

DIAGRAMA DE BARRAS

Los diagramas de barras son estupendos para mostrar proporciones cuando comparas unos cuantos conjuntos de datos diferentes. Consideremos unos datos con un papel notable en nuestra sociedad en la actualidad: vídeos graciosos de animales.

Este diagrama de barras muestra claramente que los vídeos de gatos son los más populares entre los vídeos graciosos de animales (pero eso ya lo sabíamos). Los diagramas de barras también pueden ilustrar tendencias y las diferencias en estas tendencias a lo largo del tiempo así como otros factores, pero hay otros gráficos que ilustran las tendencias más claramente.

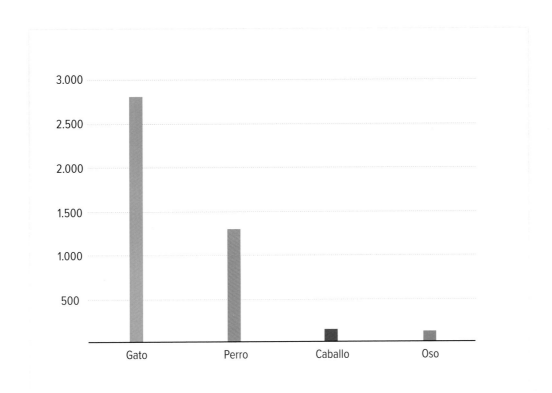

DIAGRAMA DE BARRAS

Número de búsquedas en Google de vídeos de gatos, perros, caballos y osos en 2013.

GRÁFICO DE LÍNEAS

Los gráficos de líneas son mejores para ilustrar las tendencias porque no te muestran los puntos individuales de datos del modo que tal vez pueda hacerlo un diagrama de barras, sino que están pensados para mostrar las relaciones de todos los puntos de datos entre sí a lo largo de una variable como puede ser el tiempo.

Este gráfico muestra los mismos datos de vídeos de animales mencionados anteriormente, pero plasmando la tendencia de esos datos a lo largo del tiempo. El gráfico de barras anterior indicaba el número de búsquedas de vídeos de los distintos animales y mostraba que los vídeos de gatos eran los más populares. Los periodos de tiempo no eran importantes. Aquí, en cambio, se trata de la relación de todos estos periodos entre sí. Volvemos a constatar que gatos y perros reciben mucho más amor que otros animales que no son las típicas mascotas y, por alguna razón, los gatos son todavía más populares en Navidades (seguramente porque están monísimos con sus jerséis de «Felices fiestas»).

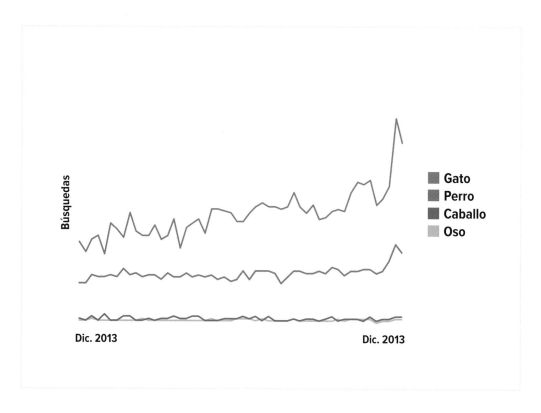

GRÁFICO DE LÍNEAS

Ilustra los datos de enero a diciembre de 2013.

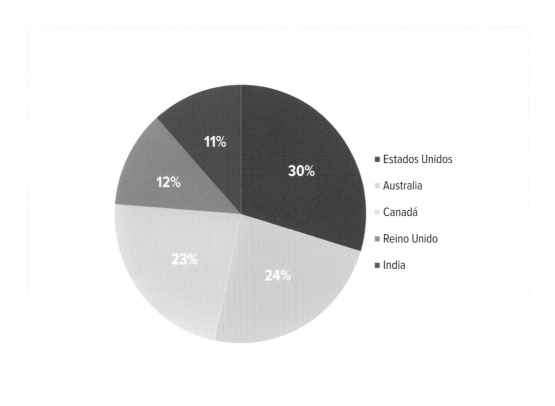

DIAGRAMA CIRCULAR

El porcentaje de las búsquedas totales por país.

DIAGRAMA CIRCULAR

Se utiliza un diagrama circular cuando se comparan proporciones en un conjunto de datos. Puedes tomar una muestra completa de algo y desmontarlo por piezas.

Aquí, desglosamos los datos en porcentajes del total de búsquedas por país. Podemos manipular nuestros datos y presentar la información de maneras distintas.

OTROS

Utilizar un diagrama de árbol es otra forma magnífica de mostrar las proporciones y poner los valores en perspectiva. Los diagramas de árbol no son habituales en las plataformas de presentaciones pero hay *add-ons* o expansiones para Microsoft Office y páginas web que te ayudan a crearlos. Otra forma sensacional de ver los datos es utilizar visualizaciones geográficas. Puedes diseminar tus datos por mapas para mostrar ubicaciones o proporciones de datos por ubicación.

Esta representación visual muestra el interés de las búsquedas de vídeos graciosos de gatos en Google por región; así, en las regiones en tono más oscuro es donde más búsquedas se han registrado.

Los diagramas de flujo son otra forma de ilustrar un proceso. Del mismo modo que se espera que un gráfico tome grandes cantidades de datos y los haga digeribles, un diagrama de flujo puede utilizarse para hacer más comprensibles procesos complejos.

Pon a prueba tus opciones para asegurarte de que estás escogiendo la mejor manera de representar tus datos visualmente. Pregúntate: «¿Representa este diagrama lo que estoy intentando decir?»

EL MAYOR NÚMERO DE BÚSQUEDAS

EL MENOR NÚMERO DE BÚSQUEDAS

VISUALIZACIÓN GEOGRÁFICA

Muestra al público dónde se han realizado la mayoría de las búsquedas de vídeos de gatos.

La era de las infografías

Convertir los datos en hermosas visualizaciones que inspiren y generen un cambio es ahora más importante que nunca. Vivimos en una era de medios acelerados. Ya no es únicamente cuestión de la calidad de lo que muestras ahí fuera, sino también de la velocidad a la que eres capaz de hacerlo. Esto ha contribuido a la popularidad de las infografías.

Visual.ly, uno de los principales blogs sobre infografías, describe lo que es una infografía de este modo[33]:

- Visualizaciones que presentan información compleja rápidamente y con claridad

- Visualizaciones que integran palabras y gráficos para desvelar información, patrones o tendencias

- Visualizaciones que son más fáciles de comprender que las palabras por sí solas

- Visualizaciones que son hermosas e interesantes

Nos gusta resaltar una palabra clave: «rápidamente». Las infografías siempre persiguen describir *rápidamente* patrones y tendencias identificados en los datos. Presentar tu información de este modo es lo ideal, pues mejora la capacidad del público de recordar la información.

Las infografías son fantásticas, ¿verdad? Pero parecen complicadas y difíciles de crear para cualquiera que no sea diseñador. Hay muchas empresas que producen infografías (pista: una de esas empresas ha escrito este libro). No obstante, no todo el mundo tiene acceso a estas empresas y además se tarda en crear una.

Hay unas cuantas maneras en que cualquiera puede integrar los principios de las infografías en una visualización de datos.

CONSIDERA USAR ALGO DISTINTO A UN GRÁFICO O ÚNICAMENTE PALABRAS

Por ejemplo, digamos que dispones de datos sobre la cuota de mercado de tu empresa en el sector de los teléfonos móviles; supongamos que en estos momentos tu empresa domina el 60 por ciento del mercado. En vez de crear el típico diagrama circular, tal vez lo podrías ilustrar en términos de teléfonos. Es una forma sencilla de eliminar la típica línea de texto redundante. Así presentas la estadística en términos del objeto real. Empleando esta técnica puedes sustituir determinados elementos de tu presentación por infografías.

USA UNA INFOGRAFÍA PARA MOSTRAR UN PROCESO

Mucha gente usa diagramas de flujo que muestran las relaciones entre grupos y logran este cometido de manera fantástica. Puedes introducir un elemento de originalidad utilizando comparaciones de la vida real como gente u objetos en vez de los típicos círculos o rectángulos.

ESCOGE ENTRE LAS NUMEROSAS HERRAMIENTAS EN LÍNEA QUE AYUDAN A LOS NO DISEÑADORES A CREAR INFOGRAFÍAS A PARTIR DE SUS DATOS

Sitios web como Piktochart, Plot.ly e Infogr.am te permiten crear bellas infografías e incluyen herramientas como la visualización geográfica, los diagramas de árbol y otros diagramas y gráficos de gran utilidad.

USA INFOGRAFÍAS DE OTROS DISEÑADORES QUE TRATEN TU TEMA

Hay muchas páginas web como visual.ly que ofrecen infografías increíbles que puedes utilizar. Si estás creando presentaciones dentro de sectores como la tecnología o la asistencia sanitaria, hay miles de infografías en línea que resaltan estadísticas importantes de estos sectores.

———

Las infografías son una gran herramienta. Convierten tus datos en elementos visuales atractivos y memorables. Son una forma potente de utilizar la estética de tus presentaciones para apelar al corazón y la mente de la gente.

60%
del mercado de teléfonos móviles

INFOGRAFÍA 1

Una manera tradicional de ilustrar una estadística. Este estilo es sencillo y al público le resulta muy fácil de entender.

60% del mercado de teléfonos móviles

INFOGRAFÍA 2

Una infografía como esta puede contribuir a poner las cosas en perspectiva para la audiencia, ya que puede proporcionar un marco de referencia y una manera diferente de considerar la información.

DOCUMENTACIÓN QUE SE ENTREGA

La sencillez es siempre lo mejor cuando se trata de presentaciones, pero sabemos que hay temas que requieren una gran carga de información. Meter con calzador absolutamente toda esa información en las diapositivas, aunque la distribuyas entre varias, no es nunca la solución. Si necesitas cubrir mucha información pero no quieres que tus diapositivas sean insufribles, entrega un documento suplementario.

Piensa en la documentación suplementaria como un elemento separado e independiente de tu presentación y no un clon de esta. No debería ser una mera réplica de tus diapositivas. Si la información suplementaria y la presentación dicen exactamente lo mismo, una de las dos se olvidará. La documentación suplementaria que entregues debería contener información que no has dado en tu presentación o que era demasiado detallada como para recordarla. Utilizar la documentación que se entrega es un modo fantástico de reducir el revoltijo de elementos desordenados de las diapositivas, lo que posibilita que la audiencia vea la información con claridad.

La documentación que se entrega es también una buena manera de dejar a la audiencia con una parte tangible de tu presentación, con una extensión de tu mensaje que permanece con el público mucho después de la presentación.

Recomendamos entregar la documentación suplementaria después de la presentación, a menos que sea necesario hacerlo para realizar una actividad o taller. Durante la presentación, lo que quieres es que la atención se centre en ti, no en un papel. Si divides la atención del público entre tu persona y la documentación, corres el riesgo de perder su interés.

Entrega documentación suplementaria, pero no te pases. Lo que deberías incluir en ella es texto legible, gráficos y

Este es un ejemplo de una situación donde se podría entregar documentación suplementaria.

La primera diapositiva ilustra el revoltijo que la mayoría de la gente incluye en sus diapositivas. Después de trasladar todos los detalles a un documento para entregar conseguimos una diapositiva mucho más limpia.

6 THINGS FROM OUR EXPERIENCE

 1 Everything happens at 1000 mph! Our people were on the phone for 6-8 hours the first few days talking with FSIS, customers the public. "It Takes a Village" & it is important to do no finger pointing. - SMA, Bobby Palesano, Dennis Johnson... OUR HEROES!!!

 2 Set up a HOTLINE. Designate someone to handle all media calls and the hundreds of calls from the public! List that person's name and contact info in the FSIS Recall Notice. -Create a Recall Website... www.mandafinemeats.com (view our recall information). Post information and update continually for the benefit of the media and the public. Include a TIMELINE.

 3 The unexpected... Having to "educate" our product liability insurance company's point person handling potential illness claims.

 4 Public Relations Firm: You need to already know who will handle this. This firm, or person, should know your company well so that they can reflect your values when working your recall.

 5 Routinely make sure that "ALL" customer contact info is UP-TO-DATE in your computer system. (Customer's name, Buyer/Contact name, address, phone number, e-mail address, and fax number).

 6 Have a prioritized list of customers to be contacted, based on volume purchases from your company. Document when you notify customers. When FSIS did their verifying, some customers said we never notified them, even when we had. We did have the proof.

PRIMERA DIAPOSITIVA

6 THINGS FROM OUR EXPERIENCE

Everything happens at 1000 mph! Our people were on the phone for 6-8 hours the first few days talking with FSIS, customers, the public. "It Takes a Village" & it is important to do no finger pointing. - SMA, Bobby Palesano, Dennis Johnson... OUR HEROES!!!

Set up a HOTLINE. Designate someone to handle all media calls and the hundreds of calls from the public! List that person's name and contact info in the FSIS Recall Notice. -Create a Recall Website... www.mandafinemeats.com (view our recall information). Post information and update continually for the benefit of the media and the public. Include a TIMELINE.

The unexpected... Having to "educate" our product liability insurance company's point person handling potential illness claims.

Public Relations Firm: You need to already know who will handle this. This firm, or person, should know your company well so that they can reflect your values when working your recall.

Routinely make sure that "ALL" customer contact info is UP-TO-DATE in your computer system. (Customer's name, Buyer/Contact name, address, phone number, e-mail address, and fax number).

Have a prioritized list of customers to be contacted, based on volume purchases from your company. Document when you notify customers. When fsis did their verifying, some customers said we never notified them, even when we had. We did have the proof.

DOCUMENTACIÓN PARA ENTREGAR

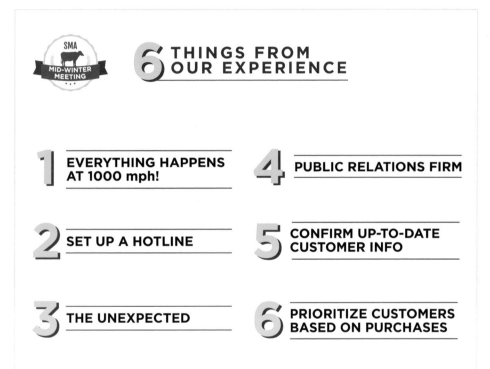

SEGUNDA DIAPOSITIVA, MUCHO MÁS LIMPIA

diagramas detallados, desgloses de precios, casos de estudio, referencias, información de contacto, etc. La documentación suplementaria es tu oportunidad de abundar en los temas de un modo que no es posible durante la presentación debido a las restricciones de tiempo o sencillamente debido a la ingente cantidad de información.

En la documentación para entregar, evita las ideas complejas que requieren largas explicaciones e historias emotivas que deberían contarse en persona. No esperes que la documentación entregada te haga todo el trabajo sucio. Esto es especialmente cierto cuando se trata de comunicar los puntos principales de tu presentación. La documentación suplementaria es una gran herramienta de la que dispones para cualquier presentación, pero si quieres que algo se haga bien, tienes que hacerlo tú mismo.

A nivel de estilo, la documentación entregada debería ir en consonancia con tu presentación para dar sensación de cohesión. Si el sentido de entregar información suplementaria es precisamente que esta sea una extensión de tu marca, entonces debería estar diseñada de manera similar.

Pese a que tal vez no seas un diseñador genial o ni siquiera te consideres como alguien con inclinaciones artísticas, es importante que diseñes tu documentación suplementaria de manera que se lea fácilmente y resulte agradable a la vista. Si no tienes confianza en tus propias habilidades como diseñador, contrata a una empresa o a un profesional independiente para que te cree un diseño. La inversión merece la pena. Por lo general, te las arreglarás siempre y cuando mantengas todo claro y sencillo, pero podrás llegar mucho más lejos si utilizas una estética interesante. Piensa en lo que a ti te gustaría encontrarte en la documentación suplementaria que te entregan. No te interesa en absoluto que el público reciba —y a su vez potencialmente comparta— nada que tú mismo no leerías.

El consejo de Kenny

La mejor documentación suplementaria es la que forma parte de la experiencia. Si prefieres dirigir a la audiencia hacia una versión digital de tu documentación suplementaria (para no tener que andar imprimiendo y encuadernando), puedes dar a los asistentes un enlace a un PDF o a un micrositio web o tarjetas con una URL. Una herramienta que recomiendo es Flowvella, que puede crear documentos PDF interactivos en los que puedes insertar vídeos y organizar el contenido en secciones.

HERRAMIENTAS MÁS ALLÁ DE POWERPOINT

Presentación ≠ PowerPoint

Desde que se hizo la primera presentación de PowerPoint en la Antigua Grecia, PowerPoint ha sido la aplicación universal para crear presentaciones. Bueno, de acuerdo, no fue en la Antigua Grecia aunque da esa sensación, o la de que —cuando menos— hace mucho tiempo. PowerPoint se ha asociado de manera tan automática a las presentaciones que muchos asumen que una presentación es un documento en PowerPoint. Esto no sería un problema si la gente presentara bien, pero el hecho es que el mundo está lleno de malos presentadores.

Siendo ese el caso, y debido a que los culpables suelen utilizar PowerPoint, el programa ha acabado adquiriendo bastante mala prensa. Todos hemos oído la expresión «muerte por PowerPoint»[34]. Muchos piensan que es culpa del programa. Nosotros no opinamos así. Nos encanta PowerPoint por muchos motivos y queremos liberarlo de ese estigma. Existe un buen número de plataformas para presentaciones por ahí, y los malos presentadores siguen recargando las diapositivas con demasiada información, sus presentaciones siguen siendo demasiado largas y en definitiva la experiencia que ofrecen al público es desastrosa. No culpemos a la aplicación de los errores de los usuarios.

A medida que van surgiendo más plataformas para crear presentaciones, tenemos más opciones y los presentadores pueden elegir lo que les va mejor a ellos y a su audiencia. A continuación hacemos un recorrido por las más populares.

PowerPoint

Lo que más nos gusta de PowerPoint es que se trata de una herramienta muy completa. PowerPoint es una plataforma de presentaciones con décadas de historia y Microsoft le ha ido añadiendo herramientas de diseño increíbles que permiten a los profesionales de PowerPoint maximizar verdaderamente lo que ofrece el programa. A efectos de este libro, sus funciones detalladas de diseño y animación nos ayudan a crear presentaciones para los clientes que distan mucho de las típicas presentaciones de PowerPoint, que suelen verse por ahí. Ahora bien, PowerPoint plantea el riesgo de caer fácilmente en complicar excesivamente la presentación con animación, transiciones y otras funciones que podrían distraer al público de la presentación en sí.

Keynote de Steve Jobs

Para el caso, se podría llamar Keynote de Steve Jobs porque, en origen, se creó para un único usuario: Steve Jobs[35]. Jobs era sobradamente conocido por su particular sentido del diseño. Su equipo de Apple le creó el programa para que lo usase para sus presentaciones en conferencias importantes y ahora todo el mundo puede usarlo también.

LO QUE NOS GUSTA

- *Diseño*. La interfaz de Keynote es limpia y muchas de las opciones del banco de materiales gráficos son minimalistas. Los gráficos existentes son sensacionales para presentadores aficionados que no tienen experiencia con complicados programas de diseño.

- *No es la número uno*. Keynote no es la plataforma número uno para crear presentaciones; muchas de sus funciones no

se han usado excesivamente. Keynote tiene un conjunto de fuentes, transiciones y animaciones diferentes, en línea con la estética simple y elegante de Apple.

- *Fácil de aprender a usar*. Si eres un presentador que ha estado utilizando PowerPoint durante años, Keynote debería resultarte fácil. Existen diferencias fundamentales entre las dos plataformas, pero alguien que comprende los aspectos básicos de PowerPoint debería ser capaz de comprender los aspectos básicos de Keynote.

ASPECTOS A TENER EN CUENTA

Asegúrate de comprobar la compatibilidad. PowerPoint tiene versiones que funcionan en ordenadores con Windows y en ordenadores de Apple. Keynote está pensado únicamente para Mac. Hemos tenido casos de clientes que crearon una presentación con animación y transiciones en Keynote pero que luego no pudieron conservar plenamente todas esas funcionalidades cuando se vieron obligados a convertir el archivo a PowerPoint. También hemos oído historias para no dormir de presentadores que se llevaron su presentación en Keynote en un lápiz de memoria y se encontraron con que el ordenador con el que iban a presentar no era un Mac sino un PC, y al final tuvieron que acabar improvisando la presentación sin diapositivas. Te puedes ahorrar este tipo de situaciones llevándote tu propio ordenador a las presentaciones.

Prezi, la herramienta de presentaciones con zoom

Big Fish lleva usando Prezi desde 2010, a los pocos meses de su lanzamiento en 2009.

Hemos visto cómo la base de clientes de Prezi ha ido creciendo de manera increíble. En la actualidad «más de 40 millones de personas y el 80 por ciento de las empresas de la lista Fortune 500» usan el producto[36]. Como somos una empresa experta en Prezi, nos encantaría ayudar a la compañía a seguir creciendo por todo el mundo (consulta prezi.com/experts si deseas más información). Prezi es una plataforma no lineal que permite al presentador

construir toda su presentación sobre un único lienzo y guiar al público a lo largo de la charla, acercando y alejando el zoom para mostrar la información que quiere compartir. Echemos un vistazo a algunos de los aspectos que más nos gustan de utilizar Prezi.

El consejo de Kenny

Si no has visto nunca una Prezi consulta la de Big Fish aquí:
http://prezi.com/koevlyzxpqki/big-fish-prezi/

La PARADOJA de la INSIGNIA

Piensa en un **EJEMPLO** *o* **PATRÓN.**

EJEMPLO DE ZOOM CON PREZI

Para mantener sencilla y limpia la pantalla del título, nosotros utilizamos la función del zoom de Prezi para ocultar ingeniosamente todas las diapositivas dentro del símbolo.

LO QUE NOS GUSTA

- *Crear.* Cuando diseñas una presentación en otras aplicaciones, concibes cada diapositiva como una información independiente. Cuando trabajas con Prezi, puedes ilustrar cómo se relacionan todas esas piezas o informaciones. Quizás incluso veas conexiones en las que no habías reparado antes. Es un mapa mental digital. Ya mencionamos Prezi con anterioridad como una buena herramienta para confeccionar presentaciones de *storyboard* o guiones visuales. Te permite enfocarte en cómo fluye todo en conjunto en vez de en los puntos específicos.

- *Zoom.* El tema del zoom es lo que hace que Prezi sea Prezi. El zoom es una manera interesante de conducir al público a lo largo de una historia. Es una forma excelente de navegar por la información. Como Prezi es un mapa mental digital, podría decirse que mete un poco a la audiencia dentro de tu cabeza y les permite conectar con tu mensaje. A pesar de que Prezi ha ido ganando popularidad, su presencia todavía no es tan generalizada como la de PowerPoint o Keynote. Usar Prezi puede ayudarte a destacar entre millones de PowerPoints o Keynotes.

  Hemos hablado de la gran revelación, que es algo que nos encanta en Big Fish. Prezi es una manera sensacional de mostrar cómo puede funcionar la gran revelación, pues se conduce al público por partes de la historia y luego por fin se desvela la gran perspectiva general y qué sentido tiene todo junto. Por ejemplo, digamos que tienes un producto nuevo con una docena de características sensacionales pero que el verdadero argumento de venta es cómo se interrelacionan todas esas características. La gran revelación es una técnica divertida para mantener el suspense y a la audiencia interesada.

- *Nube.* Prezi es una herramienta en la nube y también una aplicación de escritorio. Esto significa que te permite crear, guardar y compartir tus presentaciones sobre la marcha y desde cualquier ordenador. En la actualidad, los presentadores ya no tienen que preocuparse de llevar un lápiz de memoria encima. Con Prezi, pueden realizar cambios y presentar, utilizando su iPad o cualquier ordenador. Estar en la nube también permite que Prezi funcione como una excelente herramienta de colaboración. Si estáis trabajando en grupo en una presentación, todos los miembros del grupo pueden editar a la vez diferentes secciones de esta desde ubicaciones diferentes. Esto es mucho más eficaz que la ruta tradicional de una larga cadena de correos electrónicos entre miembros del equipo que usan distintos tipos de archivos.

ASPECTOS A TENER EN CUENTA

- *Demasiado de algo bueno.* Todo en su justa medida, ¿no? Cuando la gente empieza a usar Prezi, es bastante común que se emocionen un poco de más. Demasiadas entradas y salidas de zoom con rutas (el itinerario de la presentación) complicadas repletas de marcos (diapositivas) pueden acabar siendo una distracción y desenfocar la atención que debería estar centrada en lo que estés tratando de comunicar. Además, también pueden marear a la gente. Incluso en sentido literal. Así que no te compliques. Limita tu ruta a 40-50 marcos (diapositivas) y no te pases con el zoom.

- *Curva de aprendizaje.* Aprender algo nuevo puede llegar a intimidar. Si te tomas el tiempo de mirar todos los excelentes recursos de aprendizaje que ofrece Prezi en su página web y en su blog, verás que es bastante más fácil de lo que podría parecer al principio.

- *Prezi no es PowerPoint, y no es su intención serlo.* Prezi se ha distinguido del resto ofreciendo maneras únicas de proporcionar información, y eso implica ciertas diferencias significativas. Si llevas un tiempo creando presentaciones habrá elementos como animaciones, transiciones y fuentes favoritas a los que ya estarás acostumbrado de otras plataformas que no son Prezi. Pero recuerda que Prezi ofrece muchos elementos nuevos que se convertirán en tus armas favoritas para hacer presentaciones.

Prezi es una excelente herramienta de diseño y de lluvia de ideas para presentadores. Además se trata de una aplicación que está evolucionando tan rápidamente que no para de incorporar los comentarios de los usuarios con el objetivo de ofrecer una experiencia óptima. Es lo que usamos en Big Fish para nuestro primer cliente y… ¡hasta hoy!

Herramientas emergentes

Nos encantan las plataformas de presentaciones existentes en la actualidad, pero siempre estamos pendientes de nuevas maneras de presentar que puedan ir surgiendo. Vamos a echar un vistazo a unas cuantas herramientas emergentes.

Bunkr es una plataforma sencilla que intenta hacer más fácil la creación de presentaciones[37]. Utiliza muchas de las mismas características de otras plataformas para presentaciones. Lo que más nos gusta es que las presentaciones se montan en una plataforma HTML5, lo que significa que puedes enviar un enlace a tu presentación que se puede ver desde cualquier buscador o cualquier ordenador, tableta o smartphone[38]. Nos encanta este nuevo enfoque porque entendemos que nuestro mundo se está volviendo móvil. Si eres capaz de mostrar tus presentaciones en todas las plataformas te estás posicionando bien de cara al futuro.

Projeqt es una creación de la agencia de publicidad global TBWA. Projeqt produce presentaciones en línea que pueden recabar material de distintas redes sociales como Facebook, Twitter y LinkedIn, *feeds* RSS y muchos otros elementos. Puedes añadir actualizaciones de las redes sociales en tiempo real a tus presentaciones para incorporar una dimensión completamente nueva a la experiencia: ir revisando los comentarios de la audiencia durante la presentación y ver cómo va evolucionando la tendencia de tu presentación en las redes, todo mientras estás en el escenario presentando. Esta no es más que una de las características geniales de esta plataforma, pero este tipo de funciones va a cambiar la manera en que interactúa el público con el presentador.

Kivo es una herramienta en línea que permite a los presentadores recabar los comentarios de manera masiva al estilo crowdsourcing[39]. Subes tu PowerPoint y otras personas pueden hacer anotaciones y comentarios sobre aspectos específicos de tu presentación. Si estás recabando comentarios de un grupo grande de personas, esta es una manera sensacional de tenerlo todo en un único sitio.

Slidelog permite a los usuarios integrar de manera fluida muchas presentaciones y elementos multimedia en una única experiencia de presentación[40]. Hay momentos durante un evento o una conferencia cuando tal vez tengas que cambiar de archivo o de programa, y eso interrumpe la experiencia de la presentación. Esta herramienta permite integrar Prezi, PowerPoint y vídeos en una única experiencia de verdadera inmersión.

Y, como hemos estado hablando de la integración de las redes sociales, también está Tweetall[41]. Tweetall es una herramienta en línea que te permite personalizar y mostrar los tuits que van marcando la tendencia en lo que a tu contenido se refiere. Así puedes interactuar directamente con el público e incluso comentar con este algunos de tus tuits favoritos durante la presentación. Esta herramienta y Projeqt son formas estupendas de interactuar con tu público utilizando las redes sociales.

Estas son otras de nuestras herramientas favoritas:

- Scrollmotion, una herramienta móvil e interactiva para presentaciones que incorpora elementos de vídeo; es sensacional para las reuniones uno a uno y para gestionar presentaciones de fuerzas de ventas

- Emaze, una página web con plantillas 3D

- Haiku Deck/Haiku Deck Zuru, una herramienta que permite la creación rápida de presentaciones centradas en el diseño

- Sway, el editor en línea de presentaciones y webs con medios interactivos fácilmente integrables

- Flowvella, una herramienta interactiva para presentaciones de diapositivas que puede captar datos analíticos

- Deckset, un simulador instantáneo para pasar contenido directamente a diapositivas

- Slideklowd, una plataforma que muestra en tiempo real el nivel de interés durante las clases

- VoiceBoard y otras plataformas parecidas que están integrando herramientas de presentación al estilo de Tony Stark como el control del gesto y la voz[42]

Todas estas empresas intentan ofrecer soluciones para muchos de los problemas que se plantean en las presentaciones y de los que ya hemos hablado en este libro. Todas tratan de cambiar cómo se hacen las presentaciones en el mundo.

Dibújalo

A lo largo de todo este capítulo dedicado al diseño hemos estado asumiendo que utilizarás una herramienta de presentaciones para crear tus elementos visuales. Pero hay otra forma.

Optar por dibujar tus elementos visuales en el escenario es una forma maravillosa de conservar la espontaneidad. Dibujar te permite actuar de manera creativa en el momento, y te confiere un aire de vulnerabilidad que hace que resulte más fácil conectar contigo. Por ejemplo, en vez de utilizar diapositivas para animar un importante flujo de proceso, dibújalo tú mismo. Así guías al público a lo largo de este de un modo más personal. Y, al dibujarlo, es más probable que lo plasmes de manera sencilla y no compliques el mensaje en exceso. Además, la acción misma de dibujar centra la atención de la audiencia en ti.

Las tres maneras más habituales de hacer esto son utilizar una pizarra blanca, un rotafolios sobre un caballete o un ordenador. Un buen ejemplo es la charla TED de Simon Sinek titulada

SIMON SINEK

«La clave es el por qué»

Startwithwhy.com

«Cómo los grandes líderes inspiran la acción». En ella guía al público en un recorrido por las tres preguntas en las que según él se centran los líderes para generar cambio, e ilustra cada una de ellas en una gran hoja de rotafolios. Las ilustraciones son sencillas: con un rotulador, plasma esas tres preguntas fundamentales y el papel que desempeñan en relación con la persuasión y la acción.

Esta puede ser una gran forma de presentar, pero hay unas cuantas desventajas a tener en cuenta. Entre las cuestiones que pueden surgir, cabe mencionar la escalabilidad para presentaciones más grandes, la incapacidad de usar bien la pizarra blanca, la necesidad de aportar datos y la falta de diversidad visual. Al elegir este estilo de presentación, estás añadiendo otro elemento más a memorizar. Muchos presentadores noveles que aún no tengan plena confianza en su capacidad oratoria deberían tenerlo muy en cuenta. Los neófitos tienen que centrarse más en lo que tienen que decir y en cómo van a salir al escenario y decirlo.

Ten en cuenta tu mensaje y tu audiencia cuando estés decidiendo si dibujar, usar diapositivas u olvidarte por completo de los elementos visuales. ¿Cuál es la mejor manera de implicar al público en tu historia?

El consejo de Kenny

La gente suele preguntarme cuál es mi herramienta favorita para confeccionar presentaciones. Yo no tengo una respuesta definitiva, pero sí que tengo favoritos según la situación. Cuando he de explicar conceptos creativos, desglosar materiales complicados, definir el mapa de un área, crear líneas temporales o hacer una lluvia de ideas, utilizo Prezi. Con quien mejor funciona es con un público que no esté condicionado por los métodos tradicionales (Prezi se usa mucho en conferencias tipo TED). Para una presentación con más palabras de tipo corporativo (ventas, finanzas, inversiones) que es bastante directa, recomiendo seguir usando PowerPoint o Keynote. Estas dos plataformas tienen la función de notas del presentador que ayuda a reducir el texto en la diapositiva. Además, en mi charla TEDx «The Art of Saying No» [El arte de decir no], notarás que no utilicé ninguna aplicación para presentaciones. Hablé directamente con el corazón. A veces las mejores presentaciones son las que se hacen sin una sola diapositiva.

LA PRESIÓN DEL TIEMPO

Tu jefe te dice que tienes que hacer una presentación sobre la nueva propuesta de tu departamento en dos horas. Suena bastante estresante. Entendemos perfectamente que muchas de las presentaciones que se dan por todo el mundo se preparan en estas condiciones. También nos damos cuenta de que muchos de los consejos sobre diseño y contenido que hemos ofrecido en este libro, requieren un poco de tiempo para que los resultados se materialicen.

Si vas mal de tiempo, queremos que te concentres en dos cuestiones. La primera es *céntrate en el mensaje*. No tienes mucho tiempo, así que asegúrate de estar eligiendo las palabras perfectas para cada diapositiva. Esto es más importante que encontrar la foto más bonita y más relevante para la diapositiva. La gente se acordará de la foto pero primero mirará qué dice la diapositiva. Si vas mal de tiempo, lo que importa es tu mensaje.

En segundo lugar, *que sea sencillo*. No pienses en exceso en el diseño y no sobrecargues las diapositivas.

Hay recursos que permiten a los oradores crear presentaciones hermosas e interesantes a partir de plantillas ya preparadas. Aquí la clave es que sean rápidas y fáciles de usar. Si te encuentras muy pillado de tiempo, no pasa nada por usar algo que no sea personalizable del todo. En este punto, asegurarte de que la información sea concisa es más importante que crear las diapositivas más originales.

Las tres plataformas que recomendamos son Haiku Deck, Canva y Deckset. Estas aplicaciones están disponibles para iPad, de manera que puedes crear presentaciones sobre la marcha. Todas tienen también su versión web. Estos recursos ofrecen plantillas con diseños preciosos que permiten a los presentadores crear y compartir presentaciones cuando el tiempo es un factor fundamental.

El consejo de Kenny

Usar plantillas para tu juego de diapositivas te permite preparar la presentación rápidamente, pero algunos programas no te dejan personalizar las transiciones o las diapositivas según establecen las pautas de uso de la marca de tu empresa. A veces lo único que te hace falta es una diapositiva con el título, dos o tres contenidos con los puntos principales y una diapositiva de cierre. No crees más material del que necesitas.

CONCLUSIÓN

Algunas de las cuestiones que hemos comentado te llevarán un cierto tiempo de práctica, pero ten en consideración lo que podría significar para ti el esfuerzo de cara al futuro: si, haciendo tu información más agradable e interesante a nivel visual, consigues más ventas, convences a tu equipo sobre un cambio de estrategia o consigues apoyo para una nueva iniciativa, entonces habrá valido la pena.

Si te quedas con un único mensaje de todo este capítulo, queremos que sea que el diseño puede marcar la diferencia.

Haz diapositivas bonitas, no por motivos meramente estéticos sino para conectar. Conectar con el público y expresar el mensaje con más claridad y eficacia generará un cambio de actitud e inspirará una acción. Diseña para el cambio.

Como presentador, recuerda que nada de todo esto importa si no eres capaz de transmitir el mensaje. Si redactas una historia conmovedora y creas unas diapositivas con un diseño bonito, pero luego no eres capaz de salir ahí fuera y presentar bien, no habrá servido para nada. Ha llegado el momento de centrarse en cómo puedes transmitir el mensaje que has diseñado.

Retos

NOVATO

- Crea una presentación con no más de cinco palabras por diapositiva.

- Diseña un juego de diapositivas con fotografías a sangre.

- Crea y expón tu presentación con una plataforma y una aplicación que no hayas usado nunca antes.

EXPERTO

- Haz una presentación de 20 minutos mientras dibujas todos los puntos que vayas mencionando en una pizarra blanca.

- Conceptualiza y crea una infografía para explicar un tema complejo.

- Sustituye un conjunto de datos importante por una infografía.

EXPOSICIÓN

> *La palabra es poder: la palabra es persuadir, convertir, conmover.*
>
> RALPH WALDO EMERSON

Hemos hablado de la importancia de un gran diseño, pero ¿qué más hay que haga que merezca la pena no solo escuchar sino también recordar una presentación? ¿Es el tema? Sí. ¿Es el mensaje? Sí. ¿Es cómo hace sentir la presentación al público? Sí. ¿La gente se marcha sintiendo que ha aprendido algo? ¿Quieren contárselo a sus amigos y sus compañeros de trabajo? Si es el caso, se debe a que la exposición de la presentación fue emocional e impactante. El presentador les llegó, les hizo sentir algo y su mensaje les tocó.

¿Cómo?

Tono. Lenguaje corporal. Contenido.

Estos son los tres elementos que definen lo bien que cae un orador. ¿Cuál crees que es el más importante? Tal vez te sorprenda descubrir que, en gran medida, lo bien que le caigas a la audiencia depende no tanto de lo que estés diciendo sino de *cómo* lo estés diciendo. Utilizar expresiones faciales sinceras y alegres y un tono ligero es extremadamente eficaz a la hora de atraer la atención hacia tu presentación. Si bien el contenido es el elemento más importante de una presentación, tu exposición es fundamental para que caigas bien.

Piensa en el contenido, el diseño y la exposición como fuerzas que operan en sincronía y no enfrentadas. Puedes incrementar lo memorable que resulte tu contenido con una actuación increíble, y puedes emplear un diseño bello para darle a tu presentación un empujón adicional. Así que, ¿en qué consiste exactamente una presentación excelente?

En este capítulo hablaremos de los siguientes temas:

- DESCUBRE TU PROPIO ESTILO DE EXPOSICIÓN
- CRONOMETRA TU PRESENTACIÓN
- LENGUAJE CORPORAL
- CONTROLA TU ENERGÍA
- EL PODER DE LA PAUSA

- ELIMINA LAS DISFLUENCIAS VERBALES
- DOMINA EL PÁNICO ESCÉNICO
- ENSAYO
- ENSAYO DE EMERGENCIA
- WEBINARIOS

Para cuando llegues al final de este capítulo, confiamos en haberte ayudado a entender mejor tu estilo de exposición y, no solo eso, sino también haberte equipado con las herramientas que vas a necesitar para forjarte y conservar la confianza en ti mismo de un presentador experimentado.

¿No tienes problemas con la exposición? Lee por encima este capítulo en busca de trucos y consejos adicionales. Ahora bien, si estos temas te suenan demasiado básicos, entonces pasa al Capítulo 5 —«Presentar una experiencia»— que se centra en cómo llevar tu presentación al siguiente nivel.

DESCUBRE TU PROPIO ESTILO DE EXPOSICIÓN

Todos somos únicos.

Nos formamos opiniones diferentes sobre el mundo. Cada uno tenemos nuestra manera de pensar, hablar y movernos. Nuestros hábitos nos ayudan a definir quiénes somos como personas.

También somos diferentes en relación con cómo enfocamos la presentación de información y la comunicación con el público. Hay quien piensa que las presentaciones tienen que ser únicamente entretenidas, mientras que otros opinan que proporcionar información de la manera más eficaz posible es lo más importante.

Todos los grandes presentadores tienen confianza en sí mismos, son optimistas, comprensivos, realistas, auténticos y cautivadores, pero cada uno despliega estas características de manera diferente. Todos llevamos dentro un gran presentador. Ser capaz de canalizar tus habilidades es sencillamente cuestión de encontrar tu estilo y usarlo. En este capítulo te vamos a ayudar a establecer cuál es tu estilo de presentación centrándonos en tus puntos fuertes.

Antes de que te metas de lleno a considerar los diferentes estilos de presentación, veamos por qué es importante establecer el tuyo propio.

Una de las cosas más potentes que se puede ser en una presentación es ser único. Por eso expresarte de manera original no solo te hace destacar y mantener el interés de la gente; también te distingue de otros presentadores y te hace más memorable.

Serás mejor presentador si estás a gusto contigo mismo. Si no estás intentando imitar el estilo de otro presentador, tus movimientos serán más naturales, hablarás con más confianza y tu voz sonará más fuerte. Ahora bien, esto no quiere decir que no debas poner en práctica unas cuantas técnicas de oradores con talento. Tener presentadores modelo es una manera fantástica de descubrir de lo que eres capaz, pero limitarte a imitarlos irá en contra de tu autenticidad.

Vamos a hacer un repaso de unos cuantos estilos posibles de presentación. A medida que vayamos explicando cada uno, intenta imaginarte dando una presentación utilizando ese estilo. Para cuando lleguemos al final de esta sección, deberías tener idea de cuál de todos los estilos se adapta mejor a tu personalidad y tus capacidades oratorias.

Recuerda que estas categorías son muy amplias y que tal vez no pertenezcas necesariamente a una sola de ellas, puede que tengas una combinación de estilos. También puede pasar que te atraiga un estilo pero que descubras que posees los rasgos que caracterizan a otro. Experimenta para averiguar qué es lo que funciona mejor en tu caso.

Profesor

¿Te gusta contar historias? ¿Tienes la capacidad de cautivar al público con tus palabras y tu presencia escénica? Aunque se trate de una historia de los tiempos de la universidad o de contar el último capítulo de una serie de televisión, la capacidad para contar historias de un modo que cautive a la audiencia es un don y un indicador de que eres un presentador de estilo profesor. El profesor es un narrador de historias pero también es muy hábil a la hora de escuchar al público, de percibir el ambiente en la sala y adaptarse en consecuencia. *El profesor consigue hacer que la audiencia conecte con la información. Los buenos profesores comparten información compleja de un modo que la hacen más sencilla, relevante y plena de sentido.* Si tienes una tendencia natural a informar a tus colegas sobre ciertos temas o profundizar en los debates, bien podrías ser un presentador-profesor.

Ejemplos: Simon Sinek, escritor y orador motivacional; David Rose, inversor en capital riesgo y empresario; Seth Godin, escritor y especialista en marketing.

Anfitrión

Entrenador

¿Qué hacen los anfitriones en las fiestas? Por supuesto que se encargan de la comida, las bebidas y la música, pero también te hacen sentir seguro y a gusto; confías en ellos y los respetas. A nivel de presentaciones, un buen anfitrión es flexible, puede calar a la gente y se gana una credibilidad ante los demás. Mientras que el profesor tiende más a informar, el anfitrión quiere inspirar al público. Como anfitrión, enseguida conectas con la audiencia y creas un ambiente cómodo y agradable para ella. *Un anfitrión interpreta bien lo que pasa en la sala y se alimenta de la interacción con el público. Ya sea a través de actividades que le pide que desarrolle o planteando preguntas o haciendo que la gente se ría, el anfitrión conectará emocionalmente contigo y te hará sentir cómodo.*

Ejemplos: Scott Harrison, fundador y consejero delegado de la ONG Charity: Water; Guy Kawasaki, orador motivacional y empresario; Brené Brown, escritora y profesora.

No tienes que hacer los discursos de vestuario más increíbles para ser un presentador con estilo entrenador. Se trata de ser un líder y un pensador: inspiras y motivas al público. Si tienes una naturaleza competitiva y totalmente apasionada y no te importa mostrarte así encima de un escenario, seguramente eres un presentador de estilo entrenador. *Los buenos entrenadores suelen abordar los temas difíciles con tacto, pasión y convicción, y transmiten esa energía a la asistencia.* Te hacen ponerte de pie, animarte y sentir que eres capaz de cualquier cosa.

Te dedicas a crear un cambio real. Quieres ver resultados. Tal vez eres de los que disfrutan jaleando a tus amigos o a tu equipo para que hagan algo grande. Si eres competitivo y muy apasionado por naturaleza, seguramente estás en la categoría de entrenador. ¡Así que sal ahí fuera a inspirar al público para que pase a la acción!

Ejemplos: Jimmy Valvano, entrenador de baloncesto universitario y presentador profesional de radio y televisión; almirante William H. McRaven, jefe del Mando de Operaciones Especiales de Estados Unidos; Les Brown, orador motivacional con anterior trayectoria política.

Estrella

¿Te encanta acaparar todas las miradas? ¿Eres el alma de la fiesta? ¿Siempre eres el centro de atención? Suena a que eres una estrella. *Como presentadores, las estrellas tienden a derribar las barreras utilizando un lenguaje fácil de entender, historias en las que se ríen de sí mismos y el humor para caldear el ambiente.* A las estrellas se les dan muy bien las presentaciones de apertura de los eventos y ponen a todo el mundo de buen humor en preparación para los presentadores que seguirán a continuación. Ser estrella en el mundo de la presentación consiste fundamentalmente en inspirar y transmitir un mensaje que entretenga. Te mueres por llamar la atención, pero no en un sentido negativo. Usas tus poderes para hacer el bien… guiando al público.

Ejemplos: Steve Jobs, cofundador de Apple; Bill Clinton, antiguo presidente de Estados Unidos; Maya Angelou, poeta.

———

¿Te reconoces en alguno de estos perfiles?

Si no encajas en ninguna de estas categorías, no te preocupes. No son más que unos cuantos puntos de partida para ayudarte a desarrollar tu propio estilo. La gente no encaja perfectamente con un único estilo de presentador. Todos somos una combinación compleja de varios estilos. Con los cuatro que sugerimos aquí, solo pretendemos darte un sentido de la dirección en que te mueves.

Si ya intuyes cuál es tu estilo de presentación, ¿ahora qué?

A practicar.

Y no tiene que ser en el contexto tradicional de una presentación formal. La mejor manera de adquirir confianza a la hora de hablar en público es hacerlo, incluso si es a pequeña escala.

Por ejemplo, la próxima vez que le cuentes una historia a un amigo tuyo, practica: intenta hablar más claro y trabaja la estructura de la historia. Evalúa las reacciones de la persona para ver si has logrado causar un pequeño impacto. Hacer esto en contextos sociales es fantástico para tus capacidades de presentador. Con el tiempo, adquirirás confianza en tu estilo, ya seas profesor, anfitrión, entrenador o estrella.

Aprovecha tus fortalezas. Te sentirás más cómodo si sabes que estás haciendo lo que se te da bien de manera natural. Combina eso con la práctica y estarás un paso más cerca de convertirte en un maestro de las presentaciones.

CRONOMETRA TU PRESENTACIÓN

Asegúrate de acabar de hablar antes de que tu público acabe de escuchar.

DOROTHY SARNOFF

Independientemente de si dispones de una hora o un mes para prepararte, tienes un problema: mucho que decir y no suficiente tiempo para decirlo.

Intentar meter con calzador todos los puntos principales de tu charla en un tiempo estrictamente limitado mientras haces malabares con todos los demás elementos de la presentación puede ser una verdadera pesadilla. Deja de estresarte y empieza a organizarte. Si los cimientos de tu presentación son sólidos, se verá; el público es mucho más receptivo cuando se les envía un mensaje sencillo y rotundo que cuando la información es difusa.

A la hora de escribir un discurso o una presentación, es importante recordar que menos es más. Respeta a la gente que te escucha. Te están regalando dos materias primas básicas que son extremadamente valiosas en nuestros días: atención y tiempo. No han venido a escucharte porque quieren que te sientas bien contigo mismo. Han venido a que los inspires. Tu trabajo es conseguirlo.

Menuda presión, ¿no? Por eso es importante que conectes con tu público rápidamente y de un modo eficaz. No malgastes tu tiempo y su tiempo con florituras innecesarias. Deshazte de la paja para ir directamente al grano sin resultar impersonal. A la gente no le importará que vayas directamente al núcleo de tu mensaje siempre y cuando respondas a sus expectativas. De hecho, agradecerán el valor que das a su tiempo.

Siempre que surja el tema del tiempo, piensa en el público, no en ti ni en tu información. Sabemos por experiencia que es un problema muy extendido al que se enfrentan muchos oradores. A continuación planteamos unas cuantas sugerencias para cronometrar tu presentación de manera eficaz.

Asegúrate de saber cuál es tu límite de tiempo y quédate por debajo

Debes averiguar siempre cuánto tiempo tienes para presentar. Siempre. Esto determinará la cantidad de información que puedas incluir.

Digamos que tienes 25 minutos. Prepara una presentación de 15 minutos. ¿Tienes 45 minutos? Intenta que sean 35. Ya ves cómo va…

¿Por qué hay que quedarse por debajo?

Porque eso te obliga a condensar tu presentación y centrarte en mencionar los puntos que verdaderamente importan. Además te da tiempo para recuperarte en caso de que al final empieces tarde, te acabes yendo por una tangente momentáneamente o en el último minuto decidas que una historia o un punto adicionales podrían ayudar a mejorar la experiencia. Sencillamente asegúrate de incluir y exponer todos los elementos que esperan quienes te escuchan, de modo que no tengan la impresión de que han perdido el tiempo.

Desglosa tu presentación

Es importante desglosar tu presentación en varias partes. Cada parte debe afinarse y perfeccionarse antes de reunirlas todas para formar una gran presentación. Desde la introducción y los puntos principales hasta la recapitulación y el cierre, es fundamental practicar y cronometrar cada sección por separado. Esto te permite ver qué partes hay que acortar para hacer sitio a otros puntos más importantes.

El consejo de Kenny

Desglosar la presentación también te permitirá «poner un sello temporal» a sus diversas secciones. Por ejemplo, si tu presentación dura 45 minutos, la puedes desglosar de la siguiente manera:

- Apertura: [3-5 minutos]

- Punto principal Uno: [8-10 minutos]

- Punto principal Dos: [8-10 minutos]

- Punto principal Tres: [8-10 minutos]

- Recapitulación de temas: [2-5 minutos]

- Conclusión: [3-5 minutos]

Hacer esto te permite, durante la presentación, tener presente por dónde deberías ir y realizar los correspondientes ajustes.

Ten en cuenta el elemento desconocido

Cuando te cronometres, ten en cuenta todos los elementos que van más allá de la presentación: oradores invitados adicionales de último minuto, actividades interactivas, demostraciones de vídeo o de producto, etc. Esto te ayudará a mantener todo encauzado, pero no temas recortar algo si ves que te estás yendo un poco de tiempo o del tema.

Ten un plan alternativo preparado

¿Qué pasa si un miembro del público te interrumpe con una pregunta? ¿Y si te recortan el tiempo de que dispones? ¿Y si te pasas del tiempo? Estas cosas ocurren, así que es importante realizar los ajustes necesarios rápidamente.

Un buen ejemplo es el de la ocasión en que, en una gran conferencia, Kenny tuvo que recortar su discurso titulado «Cómo convertir las presentaciones en experiencias» de 45 a 30 minutos porque el orador anterior se había pasado del tiempo.

Por suerte, estaba preparado porque había ensayado los puntos principales del esqueleto de su presentación miles de veces y fue capaz de adaptarse y al mismo tiempo quitarle hierro a la situación. Siempre y cuando comuniques una idea central acompañada de ideas complementarias de apoyo, siempre podrás recortar hasta quedarte con lo absolutamente fundamental. Y luego ofrécele al público una forma de ponerse en contacto contigo después si desean más información. Puedes publicar el juego entero de diapositivas en SlideShare junto con tus notas para que, quien quiera, consulte toda la información.

Siempre y cuando presentes la información bien, a la gente no le importará que acabes antes de la hora prevista. Sin embargo, no les gustará que te pases del tiempo. Las grandes presentaciones se hacen cortas y las malas resultan eternas. En el momento que empiezas a hablar se pone en marcha el cronómetro y empiezas a correr el riesgo de perder la atención del público. Cuanto más tiempo lleves hablando, más complicado resultará mantener la atención de la audiencia.

Puedes ser el mejor narrador de historias del planeta y encandilar al público durante horas, pero al final alguien va a desconectar.

Así que no te pases del tiempo.

No te pases del tiempo.

No te pases del tiempo.

Conseguir controlar eficazmente el tiempo que dura una presentación es difícil pero absolutamente necesario. Se trata de un equilibrio muy delicado que requiere una preparación cuidadosa y ensayar con diligencia. Pero el tiempo no lo es todo siempre.

El consejo de Kenny

Los buenos presentadores están preparados para exponer el mismo mensaje en formatos diferentes o con diversas limitaciones de tiempo. Como presentador, se espera de ti que seas capaz de adaptarte rápidamente si el tiempo que se te había asignado aumenta o disminuye debido a circunstancias imprevistas o fallos técnicos. He tenido incontables experiencias en las que el tiempo o los materiales de mi presentación se han visto afectados en el último minuto por factores externos (una vez tuve que dar una presentación sobre presentaciones sin presentación). El espectáculo debe continuar. Asegúrate de tener preparado un plan alternativo.

LENGUAJE CORPORAL

Piensa en esta situación: una oradora da una presentación mientras permanece inmóvil; tiene los brazos cruzados y dirige a la asistencia una mirada perdida.

¿Cómo te sentirías? ¿Incómodo? ¿Con dudas de si la oradora verdaderamente se cree lo que está diciendo? Es posible que cuestiones seriamente sus credenciales antes de pasar a perder el interés directamente.

Por este motivo es sumamente importante que tu lenguaje corporal y tu contenido estén en sintonía para así establecer un vínculo con el público. Cuando es el caso, estás enviando el mensaje de que te importa lo que dices. Es muestra de tu pasión. Indica que eres humano y no un autómata pronunciando un discurso.

¿Cómo comunicar emoción y elevar el contenido a través del lenguaje corporal?

Expresiones faciales

Tu cara es lo primero en lo que se fija el público. Por lo general, la cara es efectivamente el espejo del alma y refleja el estado de ánimo, así que es importante que también concuerde con el contenido de tu presentación. La audiencia asociará tus expresiones faciales —y por tanto tu estado de ánimo—, con lo que sea que estés diciendo en ese momento. Las expresiones de tu rostro pueden dejar al público con una impresión muy concreta sobre tu contenido.

Empieza y termina siempre tus presentaciones con una sonrisa genuina. Incluso una sonrisa sutil puede llegar muy lejos. Para empezar, envía a tu audiencia el mensaje de que no solo eres agradable y accesible sino que, además, te alegras de estar allí.

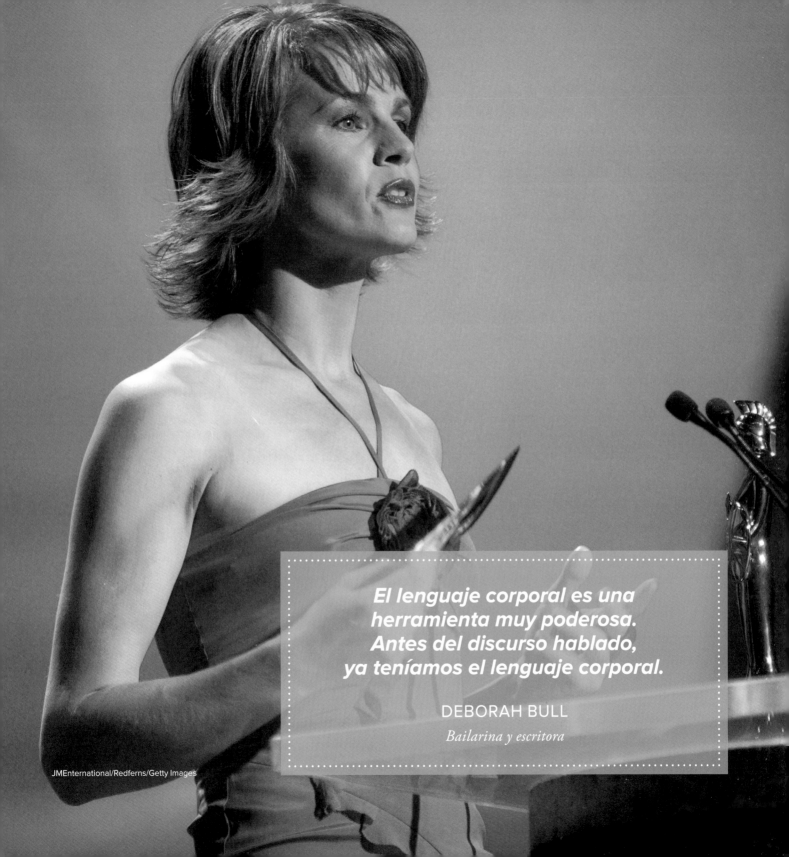

El lenguaje corporal es una
herramienta muy poderosa.
Antes del discurso hablado,
ya teníamos el lenguaje corporal.

DEBORAH BULL

Bailarina y escritora

Contacto visual

Crear contacto visual es fundamental. Considéralo algo así como un apretón de manos gigantesco con el público. Es una manera potente y eficaz de generar confianza, de mostrarte como alguien fiable. Si lo evitas te arriesgas a hacer que la asistencia sienta que no estás siendo sincero o auténtico. Crear contacto visual ayuda a atraer a la audiencia para que «entre» en la presentación. También es una manera fantástica de estimar el *feedback* y el estado de ánimo reinante en la sala, de modo que puedas adaptar tu presentación convenientemente.

Mira a distintos miembros del público en diferentes lugares de la sala. Identifica individuos concretos que parezcan interesados y te hagan sentir cómodo. Además, céntrate más en la exposición que en llenar las diapositivas de contenido. Esto te ayudará a resistir el impulso de apartar la mirada de la gente para leer las diapositivas.

Si te cuesta establecer contacto visual, sencillamente céntrate en la frente de los asistentes. Parecerá que les estás mirando a la cara.

Gestos de las manos

Los gestos de las manos son geniales a la hora de ayudar al público a recordar los puntos importantes de la presentación, y además te permiten articular y comunicar tus pensamientos de manera más eficaz.

Los oradores noveles, por lo general, no saben qué hacer con las manos. Si no tienes cuidado, tu lenguaje corporal y tus gestos pueden generar desconfianza en la audiencia.

- Poner las manos detrás de la espalda

- Juguetear con objetos (joyas, relojes, anillos, monedas o el mando para pasar las diapositivas)

- Agarrarse la muñeca contraria

- Juguetear con los dedos

- Tocarse la cara reiteradamente

Un gesto que recomendamos hacer por defecto es sostener las manos juntas delante del cuerpo. Muévelas para expresar o matizar los puntos de tu presentación como veas necesario. Utiliza ciertos gestos para determinadas afirmaciones. Cuando acabes, vuelve a la posición por defecto.

El mejor consejo es ser natural. No fuerces los gestos ni los exageres. No estás jugando a adivinar películas.

Postura abierta

Saca las manos de los bolsillos, ponte derecho, mantén los brazos extendidos y asegúrate de que tus pies estén alineados y separados a la anchura de los hombros con los dedos apuntando hacia el público. Todo esto te coloca en una postura abierta que acoge de buen grado la audiencia. Si

ENUMERAR PUNTOS: indica con los dedos el ordinal correspondiente al punto que estés tratando.

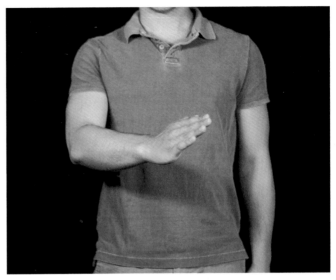

ENFATIZAR PUNTOS: haz un movimiento rotundo como de corte, moviendo la mano de lado a lado.

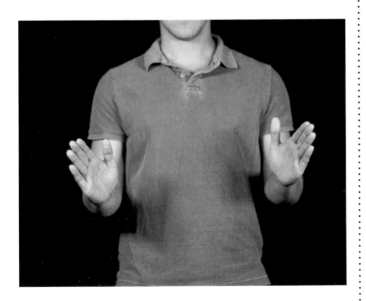

UN GRAN CAMBIO: separa mucho las manos.

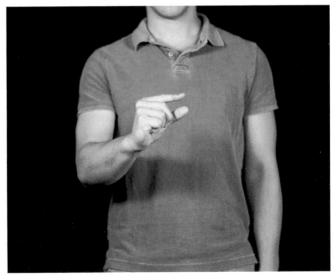

UNA REDUCCIÓN: utiliza el índice y el pulgar para indicar el grado de cambio.

cruzas los brazos y bajas la cabeza estás aislándote del público. Evita poner una pierna detrás de la otra. Esta postura puede hacerte parecer inseguro o no muy de fiar.

Tener una postura abierta genera una energía positiva genial que hará que la gente se relaje y se muestre receptiva a tu mensaje.

Movimientos fluidos

Camina por el escenario mientras combinas todos estos elementos. Úsalos para enfatizar ciertos puntos y reconectar con secciones de la sala. Moverse puede ayudar a captar la atención y el interés, pero recuerda que si te mueves demasiado puede llegar a distraer.

Como ocurre con cualquier otro aspecto de tu presentación, la práctica constante te ayudará a pulir tus movimientos.

———

Es igual de importante centrarse en lo que no se dice que en lo que sí se dice. El lenguaje corporal es potente. La gente no repara en él de manera consciente, pero con él se envían mensajes subliminales al público. Cómo te muevas influirá en cómo absorbe y entiende este las palabras y las emociones que estás tratando de comunicar. Imagínate qué habría pasado si Walt Disney hubiera presentado el concepto de Disneyland frunciendo el ceño y con la espalda encorvada, señalando las maquetas con un dedo acusador.

Me acabo de poner triste pensando en el lugar más feliz del mundo.

Sé natural y sé sincero. De igual modo que ensayas tus palabras y el tiempo que dura tu presentación, practica también la manera en que usarás el cuerpo para dirigirte a la audiencia. No es casualidad que se llame lenguaje corporal.

El consejo de Kenny

Antes de ensayar con nosotros, les pido a los clientes que escriban una lista de cosas que les han molestado de otras presentaciones que han visto. Esta es una prueba infalible para ver si saben en qué consiste un buen lenguaje corporal. Así luego los puedo llamar y decirles: «Ya sabes lo que no hay que hacer, así que ¿por qué sigues haciéndolo?» ¿Cuáles son las respuestas más frecuentes? Balancearse a derecha e izquierda. Juguetear con el reloj o con la ropa hasta llegar a distraer. Cruzar los brazos. Esconderse detrás del atril. Meter las manos en los bolsillos o ponerlas detrás de la espalda. Poner una pierna delante de la otra. Está claro que los nervios pueden provocar todos estos resultados negativos de manera inconsciente, así que vigila con frecuencia tu postura mientras estés en el escenario.

CONTROLA TU ENERGÍA

Imagínate que estás escuchando a un orador que habla muy rápido. Te atrae su energía y te interesa el tema del que habla y estás deseando aprender más sobre ese asunto. Por desgracia, está hablando demasiado rápido; no puedes seguirle.

Ahora imagínate la situación opuesta: estás escuchando a un orador que habla muy despacio. El tema es fascinante pero el tono está haciendo que te entre sueño. No tiene energía. Preferirías leer esta información en línea. Qué pena.

Puedes evitar ser el protagonista de una situación similar a cualquiera de las anteriores aprendiendo a *controlar tu energía*.

Esto no solamente te impedirá resultar monótono o abrumador sino que te ayudará a hacerte más eficaz en la exposición de los puntos principales de tu presentación. Observa a oradores como Steve Jobs y el humorista Chris Rock. Saben exactamente cómo controlar su energía para crear suspense. Son capaces de equilibrar la pasión con la calma y deslumbrar al público durante largos periodos de tiempo. Son dueños y señores de sí mismos y eso les confiere poder para comunicar, persuadir o entretener cuando y como quieren. Esto es lo que diferencia a un buen orador de un gran orador.

¿Cuál es el secreto para controlar la energía? Bueno, la verdad es que son tres.

El primero son los *tiempos*. Los momentos en los que eliges acelerar, frenar, hacer una pausa dramática y plantear preguntas a la asistencia deben ir en consonancia con tu mensaje. Los mejores narradores de historias son carismáticos y cautivadores, y saben cómo calibrar sus emociones a medida que van contando la historia. Controlar los tiempos de tus acciones afecta directamente a cuánto control tienes de tu propia energía a lo largo de la presentación.

El segundo es el *tono de voz*. Alzar la voz para expresar entusiasmo o bajar el tono cuando estás ofreciendo información importante evita que seas… bueno… aburrido. A fin de cuentas, si no suenas interesado en tu presentación, ¿por qué iba a estarlo el público? Por encima de todo, el enfoque que recomendamos es el del equilibrio. Equilibrar la cantidad de excitación y calma es una buena manera, no solo de mantener a tu audiencia implicada sino de mantenerte tú mismo activo.

El tercer secreto es algo que verdaderamente escasea: la *empatía*. Se trata de la habilidad de sentir lo que está sintiendo el público y ajustar tu discurso según sus demandas emocionales. Ya hemos comentado que conocer a tu audiencia es un concepto fundamental en lo que respecta a la exposición de la presentación. Ser capaz de identificarte con quienes te escuchan a nivel de mensaje, y no solo eso sino además empatizar con ellos desde el punto de vista de la exposición, te concede el poder de conmoverlos.

El consejo de Kenny

El tono puede resultar complicado pero es uno de los elementos sobre los que más me gusta formar a la gente, porque puede cambiar completamente el ambiente que reina en una presentación. Tu entonación (la manera en que tu voz sube y baja cuando hablas, es decir, tu tono) es una forma muy personal de comunicar autenticidad. Grábate ensayando una presentación y escucha atentamente. Estos son algunos de los elementos que deberías buscar:

- Sonar seguro, dispuesto a entablar una conversación, cercano y no monótono

- Las principales afirmaciones deberían sonar calmadas, firmes y decididas

- ¿Estás hablando suficientemente claro? ¿Te quedas sin aliento? ¿Hablas demasiado bajo o demasiado alto? ¿Demasiado deprisa o demasiado despacio? ¿Enfatizas ciertas palabras adecuadamente? ¿Estás manteniendo un ritmo tranquilo y haciendo pausas cuando es necesario?

- Escucha cómo elevas la voz al final de las frases. Eso deberías reservarlo para las preguntas, no para las afirmaciones. Si expones las afirmaciones subiendo el tono al final en vez de mantener un tono firme de manera consistente, te arriesgas a sonar dubitativo

- ¿Tu manera de hablar consigue evocar las emociones que deseas que sienta el público?

Si aplicas estos tres conceptos con éxito incrementarás tus posibilidades de ganarte a la audiencia porque sentirá que has comprendido y suplido sus necesidades. Diseña tu presentación para que incluya puntos específicos de interés y una exposición con carga emocional; serás mucho más preciso cuando intentes controlar tu energía.

Un gran ejemplo de todo esto es el famoso discurso del entrenador de baloncesto Jimmy Valvano en los ESPY de 1993. Valvano tenía un cáncer terminal y muchas personas entre el público lo sabían y estaban profundamente tristes por ello. Valvano lo comprendió, fue capaz de empatizar con la audiencia y logró conmoverla.

¿Cómo?

- *En la apertura*, Valvano empezó utilizando el humor y un tono más bajo para hacer que el público se sintiera cómodo. Con gran tacto y habilidad, hizo unos cuantos chistes para reducir la tensión, lo que contribuyó inmediatamente a aligerar el ambiente

- *En el avance de los temas que trataría*, anunció que no llevaba notas; era su manera de informar a la asistencia de que iba a ser genuino. A partir de ahí, Valvano mantuvo un nivel de energía creciente para responder a la energía del público, y alzó el tono para enfatizar los tres puntos principales de su charla: ríe, piensa y llora.

- *En el contenido de apoyo*, describió su primer trabajo como entrenador y cómo estaba «con las pilas puestas». Su tono se correspondía con su nivel de energía y sus palabras. También expresó humildad y admiración, que es una manera fantástica de conectar.

  Pese a que el diagnóstico de cáncer de Valvano era bastante pesimista, él le quitó hierro al asunto haciendo chistes sobre cómo se había pasado del tiempo pero no le preocupaba ya que, a él personalmente, no le quedaba mucho. Se podría decir que espolvoreó el humor con una pizca de realidad.

- *En la conclusión*, Valvano utilizó un tono serio. Mencionó toda una serie de estadísticas impresionantes sobre el cáncer y declaró estar convencido de que la gente podía marcar la diferencia a la hora de ayudar a tratar a otras personas en su misma situación. Estaba incrementando la tensión en preparación para la gran revelación final.

- *En el punto álgido de la presentación*, Valvano presentó su flamante fundación de investigación contra el cáncer, y recibió una clamorosa ovación del público, la más sonora de toda la velada. Eso es lo que pasa cuando implicas a la audiencia a nivel emocional durante toda la presentación.

- *En su declaración final*, Valvano afirmó con tono firme y calmado: «El cáncer me puede arrebatar todas mis capacidades físicas pero no puede tocarme la mente; no

> *El cáncer me puede arrebatar todas mis capacidades físicas pero no puede tocarme la mente; no puede tocarme el corazón, no puede tocarme el alma.*
>
> JIMMY VALVANO
> *Legendario entrenador de baloncesto universitario y locutor de radio y televisión*

puede tocarme el corazón, no puede tocarme el alma».
Y luego, con un gesto humilde, agradeció al público que
le hubieran dedicado su tiempo.

Nosotros hemos aprendido de esta presentación y tú también
puedes aprender de ella. En lo que se refiere a la exposición:

- para noticias tristes o estadísticas, utiliza un tono serio.

- para los puntos principales, da muestras de entusiasmo.

- un punto que tienes particular interés en que la
  audiencia retenga, dilo despacio.

- tu declaración final, hazla con firmeza y confianza.

Entonces, ¿cómo se prende la llama de la energía del público?

Si ves gente que empieza a apartar la mirada, consultar el
móvil o incluso dormirse, va a ser todo un esfuerzo conseguir
captar su atención de nuevo. Enfatiza y responde
convenientemente.

Realiza una actividad para implicar al público. Evidentemente,
esto depende de su predisposición, el número de asistentes y el
contexto de la presentación. Se trata de interactuar con él pero
no con una actividad irrelevante o innecesaria. Si estás ante un
número reducido de personas, tómate la libertad de hacer que
se levanten y hablen entre ellos.

Dar pie de maneras no verbales, como por ejemplo
estableciendo y manteniendo el contacto visual o pasar junto
a un miembro del público, pueden ser formas de traer a
alguien de vuelta a la presentación. Un poco de movimiento
puede ser muy eficaz para darle un toquecito a la audiencia y
mantenerla atenta.

Si empiezas a ver gente que desconecta en medio de una sección
repleta de datos y estadísticas, *cuenta una historia personal* para
recuperar la atención del público. Humaniza los datos. Haz que
sean relevantes en su vida y algo con lo que puedan conectar.
Añadiendo un toque personal, no solo logras incrementar la
atención durante la presentación sino que, además, tu
información será más fácil de recordar después.

Si la audiencia parece perdida o da la impresión de que necesita
un descanso, pídeles que se *pongan de pie y se estiren.* Esto los
recargará de energía y se centrarán de nuevo. También puedes
hacer *preguntas en mitad de la presentación* para ver si hay puntos
que requieren más aclaraciones. Anota las preguntas más
frecuentes e incluye la información que faltaba en tu próxima
presentación. Tomarte el tiempo de atender comentarios y
dudas es una manera excelente de aumentar la implicación del
público y de mejorar tus capacidades oratorias de cara al futuro.

Ten en cuenta también que es más probable tener una audiencia llena de energía si presentas por la mañana, así que, si te dan a elegir, evita la última hora de la tarde, cuando la gente está cansada, y la hora inmediatamente después de comer, cuando la gente se aletarga por la digestión.

Para modular como es debido tus niveles de energía durante una presentación o un discurso, es importante que ensayes antes para asegurarte de que los puntos principales que comuniques se sincronicen de manera natural con tu energía. La energía es un recurso potente y escaso. Úsala con sensatez.

El consejo de Kenny

Cuando empecé a hacer presentaciones, mi mayor tic sobre un escenario era el exceso de movimiento. Aprendí a permanecer quieto, con los pies separados a la anchura equivalente de los hombros, y a no moverme más que cuando tuviera sentido hacerlo. Otro reto fue ajustar mi nivel de energía al de un público cuya lengua materna no era la mía. Puede ser todo un reto hablar a la gente en un idioma que no es el suyo cuando les estás intentando trasladar material importante. Abrumar a la audiencia con una exposición a ritmo vertiginoso, distraerla con excesivo movimiento sobre el escenario o no hablar claramente son fallos que pueden provocar una desconexión total. Dosifica tu ritmo y observa atentamente al público para comprobar si te sigue. Realiza los ajustes necesarios.

EL PODER DE LA PAUSA

Todos hemos escuchado a un amigo contar una historia, a un profesor dar una clase magistral o a un ponente pronunciar un discurso, y que la información fluya a gran velocidad. Hemos oído a la gente hablando atropelladamente, solo para llenar el silencio. Es más, te garantizamos que tú también lo haces, muchas veces sin darte cuenta. A continuación hablaremos de por qué tiendes a usar palabras de relleno y cómo evitarlo con un arma muy potente que ya tienes en tu arsenal. Es una acción muy sencilla que puedes realizar y que cambiará de modo dramático la exposición de tu presentación, así que respira hondo y haz una pausa dramática. Literal. Estamos a punto de adentrarnos en el tema del poder de la pausa.

Primero hablemos del problema.

Lo llamamos «palabras de relleno». Las usamos cuando no sabemos qué decir. Las usamos cuando alcanzamos un vacío en nuestro pensamiento y sentimos la presión de llenarlo con lo que sea, incluso frases inútiles y palabrería incongruente. Queremos mantener el ritmo del discurso, así que de manera inconsciente recurrimos a soltar cualquier cosa que sirva para camuflar nuestra falta de dirección. Sin embargo, lo que conseguimos es exactamente lo contrario.

En vez de sonar fluido, nuestro discurso suena a que no sabemos de lo que estamos hablando. Parecemos desorganizados e inseguros y la brecha en nuestros pensamientos se hace evidente. Pero, ¿por qué? ¿Por qué nos cuesta tanto permanecer callados entre pensamientos? ¿Por qué tiene que haber un flujo constante de sonidos mientras hacemos una presentación?

La raíz del problema es nuestra falta de paciencia. La mayoría de las personas no podemos soportar el silencio. Nos hace

La palabra adecuada puede resultar eficaz, pero ninguna palabra ha resultado nunca más eficaz que una pausa en el momento oportuno.

MARK TWAIN

Escritor estadounidense

sentir incómodos. No está en nuestra naturaleza parar en medio del discurso. Además, cuando estamos deseando compartir algo, nuestro instinto natural es acelerar. Cuando estamos hablando en público, tratamos de comunicar nuestro mensaje lo más rápidamente posible.

Tal vez pienses que hacer pausas es una pérdida de tiempo, así que intentas llenar ese silencio con más palabras. No es tan terrible. No quieres que el público pierda tiempo, lo entendemos. Quieres ser interesante e implicarlo pero, si usas palabras de relleno que añaden poco valor a tu mensaje, entonces en realidad estás malgastando el tiempo sin darte cuenta. Aprender a hacer una pausa en nuestro pensamiento *aumenta* la posibilidad de que encontremos la palabra, frase o punto adecuados. Esto es algo que beneficia a tu audiencia, que quiere oír esas buenas —y claras— ideas que surgen de las pausas. Pese a que no nos damos cuenta, nuestro público está deseando que se haga el silencio: les da oportunidad de procesar la información, oportunidad de respirar.

Robert Byrd, exsenador de Estados Unidos y un excelente orador, dijo en una ocasión: «El uso de las pausas puede ser todo un arte. No veo qué problema hay con las pausas. No hay por qué llenarlas con *ya me entienden*. Esta muletilla, como tantas otras, es sintomática de una mente cuyos pensamientos suelen estar tan desordenados que son impronunciables: una mente en punto muerto unida a una lengua que ha puesto la directa y ahí se ha quedado atascada».

Baja el ritmo. Respira. Piensa. Tu audiencia te lo agradecerá, te lo prometemos.

Cuando hablas en público se acelera tu ritmo cardíaco. Por eso cada segundo parece un minuto. Pero si te entrenas (sí, hay que entrenarse) para hacer una pausa un segundo más larga de lo que puedes aguantar, te beneficiará como orador.

¿Cómo?

Hacer una pausa entre frases ayuda al público a escuchar. Así no tiene que pasarse la presentación tratando de cazar la información que le pasa volando por delante. Quiere absorberla a un ritmo razonable. Deja que digiera tus palabras a un ritmo natural y en fragmentos cómodos.

Momentos buenos para hacer una pausa:

- Al exponer o abordar la gran idea de tu presentación.
- Al introducir o hacer la transición entre puntos principales de la presentación.
- Al explicar los detalles en torno a grandes estadísticas. La pausa puede dar tiempo a la audiencia para comprender los datos.
- Al enfatizar un punto. Las pausas pueden ser un modo excelente de subrayar ciertos puntos y generar emoción.

- Después de hacer una pregunta.

- Cuando pronuncies frases memorables de tu presentación, como por ejemplo la llamada a la acción. Exhala para relajarte y para lograr un mayor impacto.

Las pausas también mejoran nuestra presencia como oradores. Comunicar el mensaje de una forma directa y metódica nos hace parecer más seguros. Las ideas son más potentes y tienen más sentido cuando no están salpicadas de palabrería hueca.

Además, el silencio te permite respirar, lo cual ayuda mucho si estás hablando. Lleva más oxígeno al cerebro, permitiendo que te centres en las palabras adecuadas. Respirar mejor también le da más energía a tu voz, lo cual hace tus palabras más atractivas para quienes te escuchan. Respirar es una parte fundamental de hablar en público, pero se suele pasar por alto por considerarse un factor obvio que no requiere práctica. Ahora bien, ser capaz de respirar de manera eficaz puede llevar tu presentación al siguiente nivel. No te preocupes por dar la sensación de ser lento. Respira y permítete pensar.

Para dominar el arte de la pausa necesitas práctica y paciencia. Un ejercicio eficaz es leer un buen fragmento en voz alta lentamente. Tómate tu tiempo y haz pausas entre frases. Practica con unos cuantos párrafos todos los días y empezarás a notar que el ritmo de tus pulsaciones baja y tus palabras se hacen más claras. Puede que al principio te resulte extraño pero valdrá la pena. Para obtener todavía mejores resultados, imagínate hablando en público e intenta mirar a la página solo unas cuantas veces por párrafo. Lee el párrafo una y otra vez para identificar las frases que están relacionadas. Esto te ayudará a trabajar al mismo tiempo tus técnicas de respiración y de pausa.

El consejo de Kenny

Cuando menciones los puntos principales, haz una pausa hasta que el silencio sea casi insoportable. Esta es una manera muy potente de dejar que la audiencia medite y absorba el impacto de tus afirmaciones.

ELIMINA LAS DISFLUENCIAS VERBALES

Bueno, eeeh… este libro… pues se escribió porque… mmm… ya me entienden…

¿Te suena? En la sección anterior hemos hablado de las palabras de relleno y de cómo remediarlas con pausas oportunas. Bueno, técnicamente se las llama disfluencias verbales. La definición formal de disfluencia es la «pérdida de la capacidad para producir un discurso hilado que fluya»[1]. La mayoría de las personas las reconocemos perfectamente, incluso si no conocemos el término técnico. Estas palabras y frases de relleno plagan nuestra conversación y, sin embargo, suelen pasar desapercibidas.

¿Por qué utilizamos disfluencias verbales?

Una de las principales razones es que nos sirven como muletillas en la conversación, ya sea con tu mejor amigo o ante cientos de desconocidos. Cuando no sabes qué decir, llenas el silencio con palabras o frases breves sin mucho sentido. Hemos creado nuestro propio mecanismo de defensa contra los silencios incómodos. Es algo que ocurre a nivel inconsciente.

Incluso una frase como «Yo pienso» o «Yo creo» mina la confianza del público en el orador y siembra la duda. Imagínate si Steve Jobs hubiera dicho: «Creo que hoy Apple está reinventando el iPhone» en vez de «¡Hoy Apple reinventa el iPhone!» Fíjate en la diferencia a nivel del impacto.

Es importante mostrarse distendido hasta cierto punto, pero no descuidado. Hablar con corrección aumentará tu credibilidad y, además, hará tu presentación mucho más agradable para quienes te escuchan, y eso a su vez hará que estén más atentos. La gente escucha con más atención y responde de manera más positiva a quienes se muestran seguros de sí mismos y tienen un discurso fluido.

Así que, ¿cómo eliminamos las disfluencias verbales?

Conoce tu contenido

La manera más eficaz y seguramente más fácil de prevenir las disfluencias verbales es saberte el contenido de tu presentación de pe a pa. Este es un consejo que suele infravalorarse mucho pese a ser clave. Suena muy evidente, pero muchos no le dan la importancia que merece.

Estar preparado implica no solo saber qué vas a decir sino saber todo cuanto puedas sobre el tema también. Significa conocer los entresijos de la materia tan bien que tu dicción y expresión se vuelven flexibles, no rígidas, que sería lo que pasaría si hubieras memorizado el discurso.

La audiencia detecta fácilmente cuándo un presentador está regurgitando un discurso memorizado. Y en ese caso, si te desvías de tu guión, es más probable que acabes farfullando porque estás encadenado a determinadas frases y palabras.

Será más probable que sueltes un «eeeh» o «ya me entienden» para llenar el silencio mientras recuperas el hilo. Esto, a su vez, hace que parezcas mal preparado e incómodo. Tu confianza en ti mismo se desvanece. Tu ritmo se desbarata. Has perdido al público.

Todo esto se puede evitar si conoces tu información como la palma de tu mano. Puedes hacer ajustes en función de cualquier error que se produzca durante el discurso con más rapidez y de manera más fluida si te has centrado en dominar los conceptos en vez de en memorizar las palabras. Si eres capaz de responder a la mayoría de las preguntas que puedan plantearse sobre el tema, tendrás la agilidad y flexibilidad necesarias en caso de que te interrumpan o te distraigan. Podrás hablar cómodamente y de forma coherente. Y, lo más importante de todo: serás capaz de eliminar cualquier disfluencia verbal.

Ensaya tu presentación

Otro método para eliminar las disfluencias verbales es ensayar.

Hemos mencionado que memorizar un guión palabra por palabra es mala idea, ¿verdad? Ahora bien, eso no significa que no debas tener bien pensados los puntos específicos sobre los que hablarás ni que no tengas que ensayar la presentación a conciencia. Ensayar bien es tan importante como estar bien preparado —si no más— cuando se trata de eliminar disfluencias verbales.

No sabrás cómo sonarán las cosas cuando salgan de tu boca salvo si de hecho has practicado diciéndolas. Si tropiezas en una palabra o frase que creíste que sonaría muy bien en tu presentación, lo normal es que inmediatamente te refugies en una muletilla. Tratar de improvisar nunca es buena idea.

Así que, salvo que te veas en un apuro o estés obligado a hacer una presentación imprevista, deberías repasar toda tu presentación por lo menos tres veces antes de la exposición en público. Practicar para dar una presentación puede ser agotador pero, para la audiencia, realmente marca la diferencia que el presentador no esté constantemente buscando la palabra adecuada mientras comparte sus ideas entre balbuceos.

Si en tu discurso te encuentras con una expresión que no fluye con naturalidad dentro de la estructura de la frase, prueba a hablar con frases cortas en vez de largas como las que te encontrarías en una obra literaria.

Utiliza el silencio

Otra manera de eliminar las disfluencias verbales es aprender a aprovechar el poder del silencio. Cuando hablamos, de manera natural establecemos un ritmo que se compone de distintas inflexiones y velocidades. Si tomas conciencia de esto, serás capaz de distinguir cuándo hace falta un silencio.

El consejo de Kenny

Las disfluencias verbales son una mala costumbre. Con la que más problemas tenía yo era con el «ya me entienden» después de una afirmación. Podría parecer una cuestión menor pero, ese «ya me entienden» puede hacer que el público cuestione al orador, que interprete que no es sincero (como un vendedor liante que intenta convencerte de algo a toda costa).

Para mejorar en este frente, lo que hice fue pedirle a un colega que se comprometiera a obligarme a hacer flexiones cada vez que dijera «ya me entienden», tanto durante una presentación como en el transcurso de una conversación normal. Ni que decir tiene que tuve bastantes agujetas en el pecho las primeras dos semanas, pero al final me acostumbré a permitirme hacer una pausa en vez de decir «ya me entienden».

Pide a un buen amigo que te mantenga a raya. Acabarás aprendiendo a corregirte. Las flexiones no son obligatorias pero pueden ser un excelente refuerzo negativo.

El silencio es la mejor alternativa a las disfluencias verbales. «En caso de duda, no digas nada» es una buena regla. Como ya comentamos antes, no tiene nada de malo simplemente hacer una pausa. Te permite recobrar el aliento, organizar tus pensamientos y generar expectativas en el público. Y además les da tiempo a quienes te escuchan para digerir la información. Hacer una pausa para respirar no solo evita el uso de palabras de relleno sino que disminuye el ritmo cardíaco, lo cual te ayuda a permanecer calmado y dar imagen de seguridad en ti mismo.

El objetivo es ser natural y cercano, pero tampoco quieres diluir el mensaje utilizando palabras vacías e innecesarias. Lo que se pretende es que cada frase signifique algo de verdad, para garantizar así el mayor impacto posible.

DOMINA EL PÁNICO ESCÉNICO

Si eres como la mayoría de la gente, entonces has experimentado el miedo que se apodera de uno justo antes de hacer una presentación. Si te ha ocurrido por lo menos una vez en la vida, relájate. No eres el único.

Según el Instituto Nacional de Enfermedades Mentales de Estados Unidos[2], el miedo a hablar en público, también conocido como glosofobia, es el miedo número uno en Estados Unidos (sí, efectivamente, por delante del miedo a las arañas, las alturas o incluso a la muerte). Un impresionante 74 por ciento de la población estadounidense declara padecerlo. Nuestra ansiedad a la hora de hablar en público surge, en última instancia, de una preocupación innata del ser humano por lo que puedan pensar de nosotros los demás.

El pánico escénico es absolutamente normal. Incluso entre los mejores oradores.

Citando al legendario actor cómico Jerry Lewis: «Si no estás nervioso, es que eres un mentiroso o un idiota, pero no un profesional». Estar nervioso indica que te importa tu presentación, es cómo te enfrentas a ese nerviosismo lo que en realidad distingue a un verdadero comunicador de un manojo de nervios.

Para ilustrar cómo todos tenemos que empezar por algún sitio en la conquista de este miedo, vamos a hacer un repaso pensando en unos cuantos comunicadores famosos que han tenido que superar diversos problemas a la hora de hablar en público:

- *Winston Churchill (primer ministro británico).* Este gran estadista inglés ceceaba, era tartamudo y padeció severamente el pánico escénico durante toda su carrera. Superó los defectos del habla que padecía mediante laboriosos ensayos y el desarrollo de su propio y elocuente estilo de oratoria durante sus intervenciones públicas[3].

- *Warren Buffet (inversor)*. Tras comenzar su propio negocio, el oráculo de Omaha se apuntó a un curso Dale Carnegie de oratoria para aprender a controlar los nervios. Y, una vez apuntado, se obligó a ponerlo en práctica hablando en público al impartir un curso en la Universidad de Nebraska-Omaha[4].

- *Richard Branson (emprendedor)*. A instancias de su mentor, sir Freddie Laker, que le sugirió que promocionara él mismo la marca Virgin, Branson ensayó a conciencia sus discursos en público hasta que empezó a sentirse más cómodo[5].

- *Eleanor Roosevelt (primera dama y activista política)*. Era de naturaleza tímida pero fue mejorando al hablar en público constantemente para apoyar a su marido durante la campaña presidencial de este, el trigésimo segundo presidente de Estados Unidos, Franklin D. Roosevelt[6].

- *Jay Leno (presentador de televisión)*. Cuando era un adolescente, Leno también calmaba los nervios ensayando su número en la sala vacía cuando terminaba su turno en el lugar en el que trabajaba como ayudante de camarero[7].

- *Joel Osteen (pastor)*. En la estela de su padre, que también era predicador, Osteen predicaba todas las semanas, afrontando su miedo a hablar en público y perfeccionando constantemente su arte[8].

- *Louis C. K. (cómico)*. Se creó rituales para calmar los nervios que incluían sentarse a solas en silencio entre bambalinas o echar un vistazo furtivo al público cada noche para hacerse una idea de cómo era[9].

Todas estas personas se enfrentaron a los mismos miedos que nosotros y encontraron la manera de alzar la vista por encima de ellos en dirección a sus objetivos. No permitieron que su miedo a hablar en público se interpusiera entre ellos y su éxito.

Si bien es posible que nunca te libres del pánico escénico, no es el fin del mundo. La clave es encontrar rituales de presentación que puedas personalizar y practicar antes de salir al escenario.

A continuación sugerimos unos cuantos:

- *Practica*. Practica todo el rato. Practica tu presentación por partes para que sea más manejable. Intenta que un grupo de gente en quien confíes te dé su opinión.

- *Ríe*. Los estudios científicos revelan que la risa provoca euforia debido a las endorfinas (la hormona del bienestar) en el cerebro, haciendo que nos relajemos. Intenta escuchar algún número de tus monologuistas preferidos antes de salir al escenario para calmarte. Y además aprende a reírte de ti mismo si cometes un error mientras estés practicando una charla o incluso dándola. Te recuperarás más deprisa y no emitirás energía negativa.

- *Medita*. Siéntate en silencio y céntrate en la idea más importante que quieras que tu público se lleve de la presentación. Aprender cómo librar a tu mente de las distracciones y controlar tu miedo puede reportarte beneficios más allá del escenario (uno de los recursos favoritos de Kenny es reddit.com/r/meditation).

- *Hazte una idea de cómo es el público.* Tómate el tiempo de conocer al público antes. Estréchales la mano y hazles alguna pregunta. Lo que quieres es conectar cuanto más mejor.

- *Explora el lugar donde harás la presentación.* Si es posible, visita el lugar antes de la charla. Ensaya la presentación en el lugar donde la vas a dar y familiarízate con cómo quieres pasar por ciertas secciones de tu presentación. Este es uno de los métodos favoritos de Kenny.

- *Memoriza tu apertura.* La parte más estresante de una presentación son los primeros segundos. Durante ese tiempo, es fundamental que el público se enganche. Memoriza una apertura para asegurarte en la medida de lo posible una exposición exacta y precisa de esas primeras frases.

- *Escucha música.* Escucha una canción que te calme o que te ponga las pilas, dependiendo de lo que prefieras. Kenny hace esto antes de salir al escenario.

- *Haz ejercicios de respiración.* Si las presentaciones te provocan ansiedad, prueba a hacer unos ejercicios de respiración. Aprender a respirar como es debido ayuda a controlar el ritmo. Un ejercicio popular que recomendamos a nuestros clientes es ponerse de pie con las piernas separadas el equivalente al ancho de los hombros, posar las manos en el estómago e inspirar profundamente para luego exhalar lentamente.

- *Haz ejercicios de visualización.* Visualiza tu éxito cuando ensayes. ¿Qué ambiente hay? ¿Qué está ocurriendo en segundo plano? ¿Cómo reacciona el público a tu presentación? Para lograr el máximo efecto, incorpora tantos sentidos como puedas en tu visualización. Puedes combinar esto con la meditación. Lograrás incrementar la confianza en ti mismo antes del discurso; te sentirás como si ya lo hubieras hecho antes.

Todo el mundo tiene sus propios rituales para calmar el pánico escénico. Que no te dé miedo ponerte creativo siempre que te sirva para encontrar lo que sea que te funciona a ti. Recuerda que el público está de tu lado; quiere que tu presentación sea un éxito. Nadie ha ido hasta allí a ver cómo te caes con todo el equipo. El público se ha presentado en la sala para vivir una experiencia positiva y eso únicamente ocurre cuando tú tienes éxito con tu presentación. Estáis en el mismo bando. Recordar esto debería ayudarte a calmar los nervios.

En última instancia, la gran comunicación es un hábito.

ENSAYO

Todos sabemos lo importante que es ensayar la presentación. Como ocurre con la mayoría de las cosas, una presentación requiere cierto grado de preparación. No obstante, prepararse para una presentación no es lo mismo que ensayarla. Cuando hablamos de ensayo, nos referimos al hecho de hacer un recorrido literal por toda la presentación, y no solo una vez sino por lo menos tres. Sigue haciéndolo hasta que te sientas cómodo con el material y la exposición.

El consejo de Kenny

Sé que estoy listo para hacer una presentación cuando no necesito las diapositivas para recordarme qué decir.

Es lo mismo que tocar un instrumento musical. Cuanto más practiques, mejor te sale; y cuanto mejor te sale, menos nervioso estarás cuando tengas que salir al escenario. A continuación compartimos unas cuantas sugerencias:

Cronométrate

La cantidad de tiempo de que dispongas puede determinar el tipo de presentación que hagas. Cuando repases la estructura, dedica una cantidad de tiempo concreta y apropiada a cada punto de la charla. Esto no solo te ayudará a mantener el ritmo sino que también te permitirá realizar ajustes en caso de que haya una interrupción. Cronométrate como si estuvieras presentando ante un nutrido grupo de personas o, mejor aún si cabe, cronométrate mientras estés hablando ante un nutrido grupo de personas. Te sorprenderá todo lo que aprenderás de ti mismo.

Considera otros aspectos de tu intervención, como tu presentación por parte del anfitrión o el turno de preguntas al final. ¿Tienes 45 minutos? Haz la presentación en 35 y deja suficiente tiempo para las preguntas o para tener cierto margen en caso de que algo se tuerza. Siempre es mejor que te sobre el tiempo y no que te falte.

Obtén *feedback*

Es importante comprender cuáles son tus fortalezas y tus debilidades. Pide a unos cuantos amigos, familiares o compañeros de trabajo que te hagan una crítica de tu forma de presentar. Pregúntales cuál sintieron que era la mejor parte de la presentación. ¿Por qué? ¿Qué podrías haber hecho mejor? ¿Hay algo que no entendieron? ¿Se sintieron implicados y conectados a nivel emocional? La pregunta final y más importante de todas debería ser siempre: «¿Te ha conmovido la presentación?» Asegúrate de pedir a los que te den *feedback* que lo hagan con una honestidad brutal. Ese es el *feedback* más valioso.

Si no tienes tiempo para reunir a unas cuantas personas que te hagan de público, grábate con el teléfono o con una cámara de vídeo. De manera similar a los atletas profesionales, que ven grabaciones de ellos mismos y sus competidores para mejorar, también tú puedes hacer lo mismo. Podría resultar incómodo al principio pero te sorprenderá cuánto aprenderás observándote mientras presentas. Todos los pequeños detalles, desde la proyección de la voz hasta los gestos de las manos, se hacen mucho más evidentes cuando los puedes ver desde el punto de vista del público. Una vez tengas una idea de lo que estás haciendo bien y lo que tienes que mejorar, puedes trabajar en desarrollar tus capacidades oratorias. Tanto si estás recibiendo *feedback* de un pequeño grupo en tiempo real como si eres tú el que está viendo un vídeo de ti mismo presentando, encuentra la manera de recibir o realizar algún tipo de crítica. Confía en nosotros. Vale la pena.

El consejo de Kenny

Cuando ensayes, que tu público te haga tantas preguntas como sea posible sobre tu tema. Esta es una manera fácil de prepararte para las preguntas difíciles. Cuando llegue el momento de la verdad, si hay una pregunta para la que no tengas respuesta, no te preocupes. Es mejor ser honesto y decir que lo estudiarás y te pondrás directamente en contacto con la persona para darle la respuesta más tarde. Simplemente asegúrate de que efectivamente haces el seguimiento de la pregunta y te pones en contacto con los interesados a través de las redes sociales, el correo electrónico o cualquier otro medio.

Ensaya en tiempo real

Ensaya a la velocidad del «juego en la vida real» y no pares hasta que no sientas que dominas hasta el más mínimo detalle de tu presentación. Deberías ensayar todos los aspectos, desde el contenido de apoyo hasta el diseño de las diapositivas, pasando por la exposición a nivel de expresión verbal. Practicar en detalle y específicamente, incluso hasta el extremo de comprobar que estás utilizando la inflexión de voz adecuada en una palabra o de verificar la forma de permanecer de pie en el escenario, hará que se incremente el grado de comodidad que sientas cuando llegue el día de verdad.

Puede que quieras ensayar delante de un espejo para tener algo de *feedback* visual, recuerda que no es la manera en la que presentarás en realidad: estarás mirando las caras de los miembros del público —algunas de las cuales no reconocerás—, y además te estarás moviendo por un escenario con unos focos brillantes dándote directamente en los ojos. Acude al lugar de la presentación y ensaya tu presentación. Tu cuerpo se adaptará al entorno y eso liberará tu mente para que pueda concentrarse en el contenido.

———

¿En qué te deberías centrar cuando ensayes (también puedes usar los puntos que compartimos a continuación como criterio para pedir *feedback*)?

- *Lenguaje corporal.* ¿Estás comunicando seguridad en ti mismo? ¿Qué expresiones faciales, gestos de las manos y posturas estás mostrando?

- *Duración de tu presentación.* ¿Estás respetando el límite de tiempo?

- *Tono.* ¿Qué tal suenas? ¿Natural? ¿Incómodo?

- *Continuidad en la exposición.* ¿Has dicho algo que te ha hecho perder la fluidez?

- *Eficacia del mensaje.* ¿Has hecho que al público le importe lo que cuentas? ¿Has utilizado jerga que podría alienar al público?

- *Ritmo de la exposición.* ¿Estás manteniendo un buen ritmo? ¿Estás respirando normalmente y no haciendo la presentación atropelladamente?

- *Zona de confort.* ¿Sientes ansiedad? ¿Confianza en ti mismo? ¿Relajación?

- *Respuesta del público.* ¿Has entablado una conexión con el público? ¿Se puede conectar contigo?

Sabrás que estás preparado cuando:

- Suenes completamente natural y puedas realizar la presentación sin pausas incómodas ni fallos de pronunciación.

- No emplees palabras de relleno.

- La exposición esté en sintonía con las transiciones de las diapositivas.

- Seas capaz de presentar sin elementos visuales.

- Estarías encantado de asistir a la presentación como miembro del público.

Todo el mundo es diferente. Todos tenemos nuestra propia manera de practicar. Sean cuales sean tus únicos y exclusivos métodos de práctica, no dejes de ensayar. Y no dejes de incorporar el *feedback* y de ir afinando tu presentación hasta que llegue el momento de la verdad. Sigue en ello hasta que tengas la sensación de que todo encaja.

Pero ¿qué pasa si no tienes tiempo para ensayar?

El consejo de Kenny

Ninguna presentación es perfecta, así que no te coloques a ti mismo bajo esa presión. Habrá factores que escapen a tu control. Se trata de llegar a dominar tu presentación hasta el punto de poder adaptarla a cualquier situación.

ENSAYO DE EMERGENCIA

No todo sale como estaba planeado. Y no pasa nada.

Queremos que estés preparado para los momentos inesperados que sin duda se producirán en algún momento de tu presentación. Tanto si ya de entrada te habías olvidado de que tenías que hacer una presentación, como si te obligan a hacer una improvisada en el último momento, estamos aquí para darte unos cuantos consejos sobre cómo ensayar bajo presión.

Si, por el motivo que sea, tienes muy poco tiempo para ensayar, no te preocupes por los detalles. Lo primero es lo primero: clávalo en lo que a contenido se refiere. Céntrate en tu idea principal. ¿Puedes resumir tu mensaje en una sola frase? Si no es así, haz el correspondiente trabajo de resumen. El contenido es la base de tu presentación. Es el motivo por el que estás exponiendo. Así que asegúrate de que lo dominas. Cuanto antes puedas dominar tu mensaje central, más tiempo te quedará para ensayar el siguiente aspecto importante: la exposición.

La gente siempre recordará más al presentador que la presentación. Si solo tienes un poco de tiempo para ensayar, sácale el máximo partido. No te quedes atascado en los detalles innecesarios; repasa la estructura que has creado y practica los puntos principales hasta que suenen completamente naturales. Hasta puedes aprovechar la situación y que juegue en tu beneficio: si le quitas hierro a las circunstancias y eres transparente, ahí tienes un tema del que hablar, aunque sea para reírte de ti mismo. El público verá que estás relajado y apreciará tu honestidad. Una vez te sientes cómodo con lo que vas a decir y con cómo lo vas a decir, emplea el resto del tiempo para simplificar los elementos visuales que puedas tener a mano.

Lo más probable es que no tengas que mostrar un juego de diapositivas de diseño profesional pero, si tienes algo más de tiempo, prepara unas cuantas diapositivas que resulten limpias y de estética agradable.

Al principio de la historia de Big Fish, a Kenny le pidieron que diera una presentación improvisada de 15 minutos en una sala llena de emprendedores. ¿Dónde está el problema? En que no tuvo más que una hora para prepararse. Nada de redactores de contenido, nada de diseñadores. Nada.

¿Qué hizo? Bueno, para empezar, se centró en dos aspectos: conocer a los miembros del público y conectar emocionalmente con ellos. El tiempo de preparación lo dividió en 30 minutos de creación de contenido y 30 minutos de ensayo de las secciones.

El siguiente paso fue identificar la gran idea. Luego rápidamente estructuró el discurso en tres partes: una apertura, contenido de apoyo (tres aspectos de la gran idea) y una conclusión que incluía una llamada a la acción.

Es más probable que el público recuerde la información que se le presenta en tres partes. Kenny siguió la «regla del tres» y confeccionó tres puntos fundamentales con los que quería que se quedara el público, y luego colocó una capa de contenido de apoyo para cada uno de los puntos. Esto hizo que su presentación no solo resultara fácil de recordar sino también fácil de seguir. Acabó con una sección en la que hacía una recapitulación de los puntos principales.

Para cuando terminó, su estructura tenía este aspecto:

- Apertura

- Punto principal 1

- Punto principal 2

- Punto principal 3

- Recapitulación de puntos

- Cierre/llamada a la acción

Después se centró en crear una apertura potente. ¿Cómo? Empezando con una historia personal que permitió al público conocerlo y establecer un vínculo. Luego Kenny comentó los puntos principales en preparación para acabar con una llamada a la acción que era sencilla pero eficaz. En este caso, escogió terminar con una cita que reflexionaba sobre el impacto de las presentaciones y una pregunta que retaba al público a espabilarse y dar la talla en la calidad de sus presentaciones.

Su estructura había pasado a tener este aspecto:

- Apertura (*Historia de Big Fish Presentations*).

- Punto principal 1: Narración de historias (*¿Cuáles son los elementos de una buena historia? Contexto, héroe y villano, suspense*).

- Punto principal 2: (*¿Cuáles son los principios del buen diseño? Contar en vez de mostrar, ya que no había tiempo* *de preparar un juego de diapositivas. Hacer que el público se ría de la ironía del caso).*

- Punto principal 3: Exposición *(Cómo pueden impactar en el público el lenguaje corporal, la pasión y el tono).*

El consejo de Kenny

No me dio tiempo a hacer diapositivas para esta presentación. Prefiero no tener diapositivas a que sean malas. Centré la mayor parte de mi tiempo en la exposición y el contenido, y al final conseguí un par de cuentas nuevas. Si te ves muy pillado de tiempo, estos son algunos consejos rápidos que te vendrán bien:

1. Deja las diapositivas para lo último. Invierte el tiempo en confeccionar un mensaje claro. ¿Qué quiere o espera el público?

2. No te angusties con el guión. Un esquema de puntos servirá y ya transcribirás tu presentación después utilizando apps como Dragon Dictation.

3. Deja suficiente tiempo para ensayar al menos una vez de principio a fin y grábalo para poder verlo después y refinar las partes de la presentación con las que no estés cómodo.

- Recapitulación de los puntos principales *(Narración de historias + Diseño + Exposición = Experiencia para el público).*

- Cierre/llamada a la acción *(Cita y preguntas).*

Una vez creado el contenido, Kenny se centró en la exposición. Una vez tuvo todas las secciones ensayadas, cronometró la presentación entera. Y luego siguió editando el contenido hasta que llegó el momento de hacer la presentación. Pese a las restricciones temporales, Kenny lo hizo bien y la presentación tuvo una calurosa acogida.

Kenny estableció un vínculo emocional con su público a través de la narración de historias y el humor, riéndose de sí mismo. El hecho de haber conocido a unos cuantos miembros de la audiencia antes de la presentación también fue de gran ayuda.

Si tienes que dar una presentación improvisada, ten presente que la gente siempre te recordará más a ti que la presentación. Habla más al corazón que a la cabeza.

Creemos que es apropiado finalizar esta sección de la misma manera que Kenny finalizó su presentación. Seguramente te estás preguntando qué cita utilizó al final, ¿no?

Puede que la gente no recuerde exactamente lo que hiciste o lo que dijiste, pero siempre recordará cómo le hiciste sentir.

Maya Angelou

WEBINARIOS

Vivimos en un mundo digital, así que no es de extrañar que frecuentemente nos pregunten cómo hacer buenas presentaciones a través de formatos digitales no presenciales como los webinarios que se realizan en línea. Cuando impartes un webinario no tienes el problema del pánico escénico, pero en realidad eso puede ser un arma de doble filo. ¿Cómo conectar con un público que no tienes físicamente delante?

- *Crea un calendario.* Crea un programa que resalte lo que tienes que conseguir antes del día del webinario: crear el contenido, confeccionar las diapositivas, hacer un ensayo general completo, promocionar el webinario, probar el equipo audiovisual, contactar con los asistentes, etc. Los webinarios pueden llevar más tiempo de preparación que las presentaciones en vivo.

- *Prueba el equipo audiovisual.* Asegúrate de que tienes una conexión wifi estable, un buen micrófono o auriculares con micrófono y programas fiables de conferencias por Internet (como Go-to-Webinar o Webex) antes de siquiera empezar con las acciones de marketing para promocionar el webinario. Pruébalos constantemente para asegurarte de que estás preparado.

- *Ponle un título pegadizo a tu webinario.* Un título bueno, relevante, es vital para atraer al público y lograr que se apunten y se conecten. Asegúrate de que el tema es interesante para tu público objetivo.

- *Considera un panel con varios ponentes.* Tener un único ponente puede resultar monótono. Plantéate incluir a varios ponentes para imprimir cambios de ritmo al webinario y mantener al público interesado. Lo único, eso sí, es asegurarte de que todos los panelistas hablen sobre aspectos distintos del tema para evitar las redundancias. Consigue que los demás ponentes también promocionen el evento entre sus propias redes de contactos.

- *Promociona tu presentación.* Comparte tu evento con tu lista de contactos, los suscriptores a tu blog, y tus amigos y seguidores en las redes sociales. Para comodidad de todos ellos, crea una plantilla de mensaje que puedan a su vez compartir con sus amigos. Aquí tienes un ejemplo:

  > ¡Hola, (nombre de la persona)! Mira qué webinario tan chulo va a tener lugar dentro de poco (fecha, hora, lugar). Lo impartirá (tu nombre) de (tu empresa). Es un verdadero/a experto/a en (tu tema) y creo que podría ser útil para el crecimiento de (la empresa del receptor del mensaje), ya que se hablará de (los puntos principales del contenido del webinario).

  No promociones el webinario con demasiada antelación. Recomendamos dos o tres semanas antes, para que los asistentes lo tengan fresco en la mente. Si quieres hacer un esfuerzo adicional, envía a los asistentes una nota escrita a mano o algún material de marketing.

- *Envía recordatorios.* Trata tu webinario como un evento. Envía un recordatorio amable por lo menos dos semanas antes para que la gente pueda organizarse la agenda.

Indica la fecha, la hora y una forma fácil de compartir los detalles del webinario con las redes de contactos de quien reciba el recordatorio. Incluye además instrucciones sobre cuál es la mejor forma de conectarse al webinario. Si los asistentes tienen que descargar algún software o extensiones con antelación, indícalo. También es una buena práctica enviarles un recordatorio una hora antes del evento para confirmar que todavía van a asistir.

- *Que el webinario sea bueno y breve.* Quince minutos tal vez sea demasiado poco, pero más de una hora es demasiado. Estás pidiendo a los participantes que te dediquen toda su atención y les estás prometiendo ofrecer valor a cambio. La duración ideal está entre los 30 y los 45 minutos, con 10 o 15 minutos reservados para el turno de preguntas. Estás compitiendo con muchas otras distracciones que también reclaman la atención de los asistentes.

- *Ofrece contenido único u original.* Los webinarios deben centrarse en un tema en concreto con materiales que no puedan encontrarse fácilmente en línea. Si puedes sacar la misma información haciendo una búsqueda en Google, compártela en vez de hacer una presentación de una hora. Nunca hagas perder el tiempo al público.

- *Presenta las diapositivas lentamente.* Si pasas de una diapositiva a otra demasiado rápido te arriesgas a distraer a los asistentes. Baja el ritmo. Deberías centrarte en implicar al público con tu contenido. Si tienes muchas diapositivas, ofrece al público una forma de acceder al juego de diapositivas después de tu presentación. Publícalas en línea y comparte la publicación en las redes sociales.

- *Anima al público a interactuar.* Durante un webinario, anima al público a que te envíe correos electrónicos, a que te mande preguntas o tuits con un único *hashtag* (que además puede proporcionarte más tracción en las redes sociales). Asegúrate de que tienes a alguien enviándote las preguntas y ayudándote a responder si el público es muy numeroso. Puede ser difícil mantener la atención en una presentación en línea *y* además comunicarte a través de las plataformas sociales.

- *Evita el ruido de fondo.* Si tu pitch es un guión, silencia temporalmente el sonido de los asistentes y pídeles que te envíen las preguntas a través de la red social que estés usando para el webinario. Tener demasiada gente hablando a la vez —o ruido de fondo— puede distraer mucho.

- *Ofrece consejos que se puedan poner en práctica.* Como cualquier otra presentación, un webinario debería incluir consejos de inmediata aplicación por parte de los asistentes. Es una buena práctica compartir los materiales en línea inmediatamente después del webinario, de manera que los asistentes puedan aprender más o ponerse en contacto contigo.

- *Reutiliza tu contenido.* Graba el webinario y súbelo a páginas web como tu blog, YouTube y SlideShare. Compártelo tan rápido como sea posible para que todavía siga fresco en la mente de los asistentes.

Los webinarios pueden ser geniales como acciones de marketing, para reuniones internas o talleres. Recuerda que, solo porque no estés físicamente presente, eso no significa que todo valga. Sigue dependiendo de ti el saber gestionar la atención del público.

Dale a la gente una razón para escucharte y tu presentación será un éxito.

CONCLUSIÓN

El arte de la exposición de las presentaciones implica conectar con tu público, mantener su interés y conseguir que te recuerden. Hacer una presentación con un tono seguro, apasionado y entretenido siempre supone un reto. Tienes que descubrir tu propio estilo de exposición, conseguir que el ritmo sea el justo, utilizar el lenguaje corporal eficazmente, eliminar las disfluencias verbales y ensayar sin descanso. Pero, si lo haces bien, la audiencia se acordará, revivirá ese recuerdo y lo compartirá con otras personas.

Así es como se produce el cambio.

En el siguiente capítulo, hablaremos de la importancia del ambiente general en que transcurre la presentación y de cómo crear el que quieras que reine. Hacer una presentación no es meramente cuestión de transmitir un mensaje, se trata también de transmitirlo de un modo único, memorable, que pueda cambiar el corazón y la mente del público. Se trata de presentar una experiencia.

Retos

NOVATO

- Experimenta con un nuevo ritual antes de tu siguiente presentación.

- Haz tu siguiente presentación dejando un margen de cinco a siete minutos libres, pero logrando aun así cubrir todos los puntos importantes.

- Grábate ensayando y repara en tus disfluencias verbales, lenguaje corporal y nivel de energía.

EXPERTO

- Haz una presentación con un máximo de tres disfluencias verbales.

- Planifica un ensayo con público y utiliza las preguntas de la sección «Obtén *feedback*».

- Haz una presentación de 20 minutos sin diapositivas.

PRESENTAR UNA EXPERIENCIA

Nada se hace real jamás hasta que no se experimenta.

JOHN KEATS

¿Cómo definirías una experiencia?

¿Se trata del espacio físico que te rodea? ¿Son las imágenes, sonidos y olores que percibes, incorporas y recuerdas? ¿Es la gente con la que estás? ¿O es algo más?

Cuando decimos que creemos en ofrecer una experiencia nos referimos al sentimiento que experimenta la gente cuando se hace eco de una idea en su fuero interno.

Cuando compartes tus ideas con el público, tu objetivo no es simplemente comunicarle una serie de puntos. Eso se puede hacer en una hoja de papel. No sales a presentar para enseñar a la audiencia fotos chulas, soltar tu rollo y disfrutar del sonido de tu propia voz. Se supone que una gran presentación inspira, entretiene o persuade al público para crear un cambio.

Hemos hablado de diseño, contenido y exposición, pero este capítulo va a ser un poco diferente. Te daremos consejos sobre cómo ser todavía mejor presentador pero nuestro principal objetivo ahora es infundir en ti el deseo de llegar más alto e ir más allá de tu presentación. Trasciende las diapositivas y el escenario y piensa en con qué se va a quedar el público.

En este capítulo hablaremos de los siguientes temas:

- DESTACA
- ANTES DE LA EXPERIENCIA
- IMPLICA AL PÚBLICO

- DESPUÉS DE LA EXPERIENCIA
- CÓMO CONSEGUIR *FEEDBACK* VALIOSO

Mientras escribes, diseñas y practicas tu presentación, piensa en el recuerdo que quieres dejar en las personas ante las que vas a hablar. ¿Quieres conseguir que vayan asintiendo mientras hablas, anotando alguna cosa aquí y allá, y contándoselo a sus amigos? ¿O quieres que sientan algo único, algo con lo que se queden durante años?

Si lo que te propones es lo segundo, estás preparado para zambullirte en lo que supone ofrecer una presentación que sea una experiencia, la culminación del proceso Big Fish.

DESTACA

Una cosa es hacer una gran presentación y otra muy diferente crear una experiencia única, emocionante y memorable. Claro está que puede ser relativamente sencillo hacer una presentación de 30 minutos en la que muestres unas cuantas diapositivas bonitas y compartas unas cuantas ideas interesantes. Y todo eso no tiene nada de malo. Al contrario: objetivo cumplido.

Pero ¿y si pudieras hacer más? ¿Y si pudieras causar una impresión duradera en quienes te escuchan? ¿Y si pudieras elaborar una experiencia que los mueva a una reflexión profunda camino de vuelta a casa, que cambie su visión de un tema o —mejor aún— que de hecho marque la diferencia en el mundo?

Para causar un verdadero impacto, usa los tres pasos del proceso Big Fish y convierte tu presentación en una experiencia para el público:

- Contenido interesante

- Material visual memorable y sencillo

- Exposición impactante

Contenido interesante

Primera regla: conoce tu contenido. ¿Segunda regla? Conoce tu contenido tan bien que puedas compartirlo por medio de una historia. Contar una historia estructurada le da a tu presentación ese punto emocionante que mantiene al público enganchado. Planifica lo que vas a decir hasta el último detalle. Igual crees que, con solo conocer el contenido, vas a poder improvisar ahí fuera sin problema. Desde luego es probable que así sea, pero no destacarás. El público notará los pequeños detalles, como que hayas tenido que buscar una palabra o que te hayas ido un poco por las ramas en un momento dado. Cuando quienes te escuchan se den cuenta de esto, lo más probable es que inconscientemente te pierdan algo de respeto. Tener una hoja de ruta sólida para tu presentación te dará confianza adicional en ti mismo, una confianza que el público no solo notará sino que recordará.

Material visual memorable y sencillo

Cuando estés elaborando tu presentación, recuerda que tus diapositivas deberían ser una ayuda que contribuya a la experiencia y nunca una muleta para compensar tu falta de preparación. Todas las diapositivas deberían incluir un mensaje impactante con un mínimo de texto y un diseño único. Crea elementos visuales que complementen tu información y no distraigan al público. Un número excesivo de palabras o imágenes en pantalla resulta difícil de digerir e incluso más difícil de recordar. En vez de llenar una diapositiva de información en un puro revoltijo, desglosa el contenido y distribúyelo en varias diapositivas. El público recordará las frases rápidas, las imágenes sencillas y los vídeos cortos. Incorporar además un diseño atrevido junto con un mensaje contundente te convertirá en un presentador único e inolvidable.

Exposición impactante

Tono. Lenguaje corporal. Pasión. Todos estos aspectos no son pertinentes si hablamos de contenido o diseño, pero se convierten en factores fundamentales en lo que se refiere a la plasmación de la experiencia. Puedes tener un tema interesante respaldado por unas diapositivas con un bonito diseño pero, si luego resulta que

farfullas las ideas de modo inconexo, dará igual. Tu presentación será un fiasco. Ensaya siempre tu presentación una y otra vez. Y otra. El contenido puede estar todo lo bien estructurado que quieras pero, llegado el momento, decir las palabras adecuadas que verdaderamente reflejen ese contenido requiere práctica. Una exposición bien preparada puede hacer que una presentación pase de correcta a estelar. Una vez te sientas cómodo verbalizando el contenido, céntrate en expresar tus pensamientos con pasión para convertirte en un orador memorable.

———

Si ya dominas estos tres pasos, harás una presentación memorable. Pero vamos a plantearnos un reto. Si de verdad quieres que tu gran idea se tenga en cuenta, encuentra la manera de conectar con el público.

Emplear los cinco sentidos

Apela a los cinco sentidos del cuerpo humano. Piensa en cada uno de los sentidos como un canal a través del cual puedes llegar al público. Por lo general, las presentaciones solo activan la vista y el oído pero ¿y si fueran más lejos? No dejes pasar oportunidades únicas de ser diferente. A continuación te contamos cómo puedes apelar a los cinco sentidos del público.

VISTA

Incorpora algo poco habitual, como la demostración de una tecnología increíble o un truco de magia que deje al público boquiabierto. El tecnoilusionista Marco Tempest hace ambas cosas utilizando objetos digitales altamente elaborados, iluminación avanzada y una gran dosis de sentido de la teatralidad del de toda la vida. Suele decirse que hay que ver para creer y, a fin de cuentas, cualquier cosa que desafíe las creencias del público puede resultar fascinante si se comunica adecuadamente.

GUSTO

Cuando Kenny estaba en sexto curso de primaria, en su clase de lectura estaban estudiando la cultura vietnamita, así que su madre fue a la escuela y le habló a la clase sobre su viaje de Vietnam a Estados Unidos y sobre cómo había aprendido a cocinar varios platos para llevar dinero a casa. Durante su charla se repartieron rollitos de primavera (hechos según la receta tradicional vietnamita) entre los alumnos y, además, les enseñó cómo se preparaban. Todos los sentidos de los alumnos participaron en la presentación, pues pudieron experimentar el crujido, el olor, el aspecto, el tacto y el sabor del rollito.

El consejo de Kenny

Puedes consultar una receta en vídeo de los rollitos de primavera de mi madre en http://www.flipmyfood.com/segment/grilled-pork-spring-rolls

A nivel logístico, puede resultar difícil llevar rollitos para un público muy numeroso pero, cuando hagas una presentación de un producto consumible, una buena manera de conseguir que el público entienda de verdad lo que le vendes es que lo pruebe.

En la charla TED de Jinsop Lee titulada «Diseño para los cinco sentidos», Lee aboga por utilizar un diseño que cree más experiencias memorables extrasensoriales y, para finalizar, tira caramelos al público. (¡No lo intentes en un congreso de odontólogos!)

TACTO

Incorporar el tacto a tus presentaciones permite al público experimentar algo directamente, tanto si estás haciendo una demostración de una nueva tecnología como si te propones probar un concepto mucho más ambicioso. ¿Te acuerdas de lo

El consejo de Kenny

Una manera de crear una experiencia de inmersión es incorporar la impresión 3D en tu presentación. Esto funciona para empresas que deseen crear pequeños prototipos de sus productos durante las presentaciones. Enviar un diseño a la tienda de Maker Bot hará que destaques cuando presentes ante un público que necesita ver un producto físico y tangible. Encontrarás modelos 3D gratuitos en http://www.123dapp.com/

chulo que era cuando, en clase de ciencias, el profe hablaba de fósiles, que hiciese circular unos cuantos para que los tocarais? Podíais notar el peso de los fósiles en la mano e imaginar cómo habrían sido esas plantas y esos animales cuando estaban vivos. Esto hacía que la experiencia y el mensaje fueran más íntimos, más personales. Era chulo entonces y lo es todavía más ahora.

OLFATO

El olfato puede ser muy peligroso si no se emplea bien, pero incorporar olores a tu presentación es una forma muy impactante de hacer que el público forme parte de la historia que cuentas. Ya sea compartiendo el aroma de la comida cuando hablas de los platos que prepara tu madre o perfumando un poco el aire con la colonia espantosa que te pusiste para la incómoda primera cita que estás relatando, el olor puede ser un poderoso aliado o tu peor enemigo. En su justa medida puede preparar el terreno para contar tu historia pero, si lo usas en cantidades excesivas, podría llegar a distraer. Utilízalo sin perder de vista el riesgo que corres.

OÍDO

Aprovecha el sonido en tus presentaciones, ya poniendo música o modificando tu forma de hablar. En la medida en que el sonido sea relevante, a efectos de sonido también es siempre mejor mostrar que contar: tanto si estás hablando del sonido de las olas como si te estás refiriendo a los primeros tiempos del jazz, el público se implicará e interesará mucho más si puede escuchar algunos ejemplos. Pongamos por caso la charla TED de Benjamin Zander titulada «Sobre música y pasión» en la que el ponente toca el piano para ilustrar lo que dice. En vez de limitarse a explicar la potencia narrativa que posee la música, lo que hace es mostrarlo. Puedes mejorar la eficacia de tu presentación de manera significativa incorporando sonido al mensaje.

———

El objetivo de activar todos los sentidos es evocar una respuesta emocional en quienes te escuchan y mantenerlos implicados. Simplemente asegúrate de que lo que sea que tengas planeado sea posible en el sitio donde vas a hacer la presentación.

No siempre tendrás la oportunidad de hacer una incursión de reconocimiento pero, si tienes oportunidad, desde luego deberías darte una vuelta por el lugar del evento. Incluso si no tienes intención de usar hologramas, robótica avanzada o un cuerpo de bailarines como acompañamiento, intenta hacerte una idea del entorno en el que presentarás. Igual que un estratega en el campo de batalla, reconocer el terreno sin duda incrementará las probabilidades de victoria. Date una vuelta, haz preguntas, practica tu exposición, comprueba que los enchufes y los micrófonos funcionen.

Cuando pienses en formas de deslumbrar al público, asegúrate de que verdaderamente puedas poner tus ideas en práctica. Ensáyalo todo en tiempo real para asegurarte el éxito el día de la presentación.

Ejemplos de presentaciones creativas

Si estás buscando inspiración, fíjate en lo que hacen los presentadores profesionales. Un recurso fantástico es TED.

Las organizaciones como TED se centran en que sus conferencias sean una experiencia de aprendizaje emotiva y memorable para el público. Observando cómo hacen presentaciones inolvidables algunos de los mejores oradores del mundo, no solo te inspirarás sino que además podrás incorporar algunas de sus técnicas en tu próxima presentación.

A continuación incluimos algunos ejemplos de presentaciones que usan técnicas de exposición sencillas pero impactantes para crear momentos memorables para el público.

UTILIZAR ESTADÍSTICAS

En su charla TED titulada «El deseo de Jamie Oliver. Enseñarle a todos los niños acerca de la comida», Jamie Oliver decía: «Tristemente al finalizar los 18 minutos de nuestra charla cuatro estadounidenses que están vivos estarán muertos por los alimentos que comen».

Abre con una estadística relevante y sorprendente que comunique la urgencia y la importancia de tu presentación.

USAR HISTORIAS

En «El peligro de la historia única», Chimamanda Ngozi Adichie comparte cómo el poder de las historias le permitió encontrar su voz única y personal en su trabajo.

Usa historias personales y fascinantes para conectar con el público a nivel emocional y motivarlo.

USAR EL DISEÑO

En su charla titulada «¿Los atletas realmente son más rápidos, más fuertes, mejores?», David Epstein usa un diseño de diapositivas atrevido para mostrar cómo los logros físicos han evolucionado a lo largo de los años.

Utiliza diapositivas de alta calidad que requieren poca o ninguna explicación para enfatizar lo que estás diciendo.

USAR UNA HOJA DE RUTA MEDITADA

En su discurso de graduación de la clase de 2014 de la Universidad de Texas en Austin, el almirante William H. McRaven identificó y desarrolló 10 puntos con los que quedarse del entrenamiento de los SEAL de la Marina.

Anticipa el número de puntos de tu presentación al principio para dar a los que te escuchan una hoja de ruta mental que les permita situarse en el discurso.

UTILIZAR EL SUSPENSE

En su presentación del iPhone, Steve Jobs habló de las características de tres productos antes de presentar un producto revolucionario que combinaba los tres.

Elabora los puntos de tu discurso en preparación del momento de revelar la gran idea.

EMPLEA EL ASOMBRO

En su charla TED titulada «Bill Gates en vivo» [«Mosquitos, malaria, educación» en su título en inglés], Bill Gates soltó mosquitos en la sala para evocar la incomodidad que debería sentir el público al descubrir la aterradora verdad sobre la malaria.

ERIK WAHL

E-Biz Forum 2012
flickr/IDEA4Industry

Haz algo especial para ilustrar lo que estás comunicando y atrévete a hacer que el público se sienta incómodo si es algo que sirve al propósito de comunicar tu mensaje.

UTILIZAR OBJETOS

Entrevistamos a la ponente de TEDx Dima Ghawi, que habló de romper con sus limitaciones culturales y descubrir a la líder que llevaba dentro. En su charla TEDx titulada «Breaking Glass: A Leadership Story» [Romper el cristal: una historia de liderazgo], Ghawi habló de cómo su abuela comparaba la reputación de una chica de Oriente Próximo con un jarrón de cristal: si se rompía o le salía una grieta, ya siempre se vería de ese modo. Más adelante en la vida, Ghawi se liberó rompiendo ese cristal imaginario de las limitaciones. Al final de su charla TEDx, Dima, de hecho, rompió un jarrón en el escenario y le dio a cada una de las personas del público un pedacito envuelto en un papel con el mensaje «Acuérdate de liberarte rompiendo tus limitaciones». Esto ayudó al público a permanecer conectado con su historia después de que terminara el evento.

Utiliza objetos o accesorios físicos para ilustrar los puntos principales de tu presentación o hacer una llamada a la acción.

UTILIZAR ARTE

El artista de grafiti Erik Wahl pinta en directo mientras cuenta su historia.

Puedes ofrecer una experiencia de primera mano del proceso de creación artística o contar una historia a través de la pintura o el dibujo. Observar cómo va surgiendo una obra ante tus ojos puede ser una experiencia cautivadora para el público.

UTILIZAR VÍDEOS

Durante una presentación en el congreso Google I/O de 2012, los cofundadores de Google se comunicaron por videoconferencia con un paracaidista acrobático que llevaba puestas las Google Glass (un dispositivo de realidad aumentada que tiene la capacidad de mostrar a otras personas lo que está viendo quien lo lleva puesto). Para mayor efecto dramático, el paracaidista aterrizó en el lugar donde se celebraba el congreso para unirse al público.

Utiliza vídeos con un contenido que se haga eco del de la presentación a nivel emocional, para mostrar así cómo tu producto o servicio puede cambiar la vida de otras personas.

UTILIZAR EL HUMOR

La monologuista Maysoon Zayid dio una charla TED titulada «Tengo 99 problemas… y la parálisis cerebral es solo uno de ellos»: Zayid contó su historia de cómo es la vida con parálisis cerebral y lo hizo con humor, riéndose de sí misma, y con encanto, y con ingenio, y el público no pudo evitar enamorarse de ella. Maysoon utilizó un material increíblemente personal que mantuvo al público enganchado y riéndose durante toda la presentación.

UTILIZAR LAS MATEMÁTICAS

En «Arthur Benjamin hace "Matemagia"», Benjamin muestra cómo es capaz de realizar mentalmente cálculos matemáticos complejos al mismo tiempo que una calculadora, a ver quién es más rápido.

Hacer alarde de habilidades increíbles o complejas despierta admiración y pone al público a pensar.

UTILIZAR LA MÚSICA

Benjamin Zander tocó música en vivo en su charla TED «Sobre música y pasión».

Poner música no es solo una manera de entretener al público, también se trata de un modo perfecto de mostrar en vez de contar.

UTILIZAR LA DANZA

«Danza vs Powerpoint: una modesta propuesta» es una charla TED rompedora creada gracias a la colaboración del escritor John Bohannon con el coreógrafo y director Carl Flink y su compañía de danza Black Label Movement, en la que se utilizan bailarines en vez de transparencias de PowerPoint para ilustrar la presentación.

UTILIZAR LA MAGIA

Keith Barry ofrece una actuación de magia increíble al público de su charla «Keith Barry hace magia mental».

La magia es una forma clásica de entretenimiento que se puede utilizar para comunicar una idea de un modo que verdaderamente le llegue al público.

UTILIZAR LA CIENCIA

En el Festival Mundial de la Ciencia, Bobby McFerrin mostró al público la manera en la que nuestros cerebros están cableados conforme a la escala pentatónica. Distintos lugares del escenario se correspondían a notas concretas. Él se movía por el escenario y el público respondía con las notas apropiadas de la escala: en definitiva, McFerrin tocó el público como quien toca un instrumento. El resultado fue increíble y al público le encantó. Puedes ver la presentación de McFerrin en la página web de TED con el título «Bobby McFerrin Demonstrates the Power of the Pentatonic Scale» [Bobby McFerrin demuestra el poder de la escala pentatónica].

———

Intenta no hacer demasiado. No siempre hay que hacer una presentación de nivel TED, pero es importante que cada vez que hagas una presentación te permitas a ti mismo ser verdaderamente creativo. Exprésate y de paso ábrele al público una ventana por donde acceder a lo que te apasiona. Hacer algo único siempre consigue que la experiencia sea más memorable.

Si lo que ya tienes logra comunicar plenamente el mensaje que quieres transmitir, es genial. Si no vas a lograr nada significativo por el hecho de añadir elementos adicionales a la presentación, entonces no los incluyas. En última instancia, lo que importa es que el público comprenda tu mensaje y actúe en consecuencia.

JOHN BOHANNON

«Danza vs PowerPoint: una modesta propuesta»

John Bohannon y Carl Flink

BOBBY MCFERRIN

Festival Mundial de la Ciencia

ANTES DE LA EXPERIENCIA

Como ya sabes, para crear una gran presentación hace falta preparación. Te tienes que asegurar de que todas las piezas del puzle encajen y funcionen juntas y de que todo vaya como lo planeaste. ¿Qué más puedes hacer?

Haz que el mundo conozca tu nombre y tu mensaje. Establece y mantén una presencia interesante en las redes sociales. Promocionarte de un modo positivo puede incrementar el número de personas que conformen tu público y expandir tu red de contactos.

Crea un título pegadizo para tu presentación y que esta se pueda compartir fácilmente, sea directa e interesante. Haz que sea algo que merezca la pena abrir y compartir. Ofrece a la gente una solución a un problema. Despierta su curiosidad. Apela a sus intereses. Ahora bien, ten en cuenta la frecuencia de tu promoción. Evidentemente, te interesa que quienes potencialmente puedan estar interesados en escuchar lo que tienes que decir sepan de la existencia de tu presentación, pero lo que no quieres es agotarlos con un bombardeo constante de mensajes.

Lo mismo puede decirse de lo pronto o tarde que inicies ese diálogo con el público. Lo que debes buscar es el sano término medio: lo suficientemente pronto como para dar a la gente tiempo a planificar su asistencia, pero no tan pronto que se hayan olvidado para cuando por fin se acerque la fecha del evento.

El consejo de Kenny

Cuando voy a dar una charla, mi equipo suele empezar a promocionarla entre dos y tres semanas antes del evento. Este plazo es suficiente para que me dé tiempo a conectar con los asistentes en las redes sociales antes de la presentación, y que me digan qué esperan oír. Lo he hecho y también he quedado antes del evento con gente que asistirá, y con algunos se ha establecido una conexión increíble. No es solo que sea fantástico sino que, además, cuando llega el día de la charla, no hay nada como contar con unos cuantos fans entre el público.

Anuncia la presentación en tu página web, a través de las redes sociales y en plataformas de noticias que puedan llegar a personas potencialmente interesadas en asistir. Considera tu presentación como una campaña y sácala al mercado dirigiéndote a personas influyentes para que asistan y traigan a sus amigos. Nunca está de más hablar con el coordinador del evento sobre si tiene intención de promocionarlo para que puedas establecer si hay oportunidad de realizar acciones de marketing conjuntas. Por ejemplo, para TEDxLSU, el equipo de marketing publicó los nombres de un grupo reducido de ponentes. Cuando se anunció el nombre de Kenny, Big Fish Presentations compartió en las redes sociales vídeos en los que se anticipaban los puntos principales de su charla.

Otras formas de hacer ruido para generar anticipación son:

- Colaborar con el organizador del evento sobre las maneras en las que puedes promocionar tu charla utilizando los canales del evento. Si la organización tiene un blog o una circular, contribuye con un artículo para que todos los asistentes lo puedan leer. El organizador también podría tener un *hashtag* especial en Twitter, a través del cual puedes conectar con el público del evento.

- Invita a clientes actuales y potenciales e inversores al evento, ofreciéndoles asesoría gratuita por la que habrían tenido que pagar (solo asegúrate de que cumples).

- Utiliza Facebook, Twitter y LinkedIn para investigar a tu público y conectar con él.

- Ofrece un pequeño fragmento de tu presentación (a través de SlideShare) para preparar al público sobre el material que está en camino. Con esto se consigue incrementar la buena voluntad y la credibilidad al estar regalando algo valioso. Pero, claro, asegúrate de no revelarlo todo.

- Averigua qué periodistas o blogueros asistirán a tu sesión y ofrécete a conceder una entrevista después.

- Cuando promociones tu charla entre los potenciales asistentes, ofrece algún regalo o un premio para quien dé la respuesta correcta a preguntas que puedas ir haciendo.

- Contrata a un profesional para que grabe tu presentación, de modo que puedas subirla a las redes sociales después.

El consejo de Kenny

Esta sección en concreto se centra más en los discursos en congresos, pero estas lecciones también se pueden aplicar a presentaciones a menor escala. Cuando hago una presentación interna para miembros de mi equipo, les envío el orden del día para que sepan qué pueden esperar. De este modo pueden preparar sus preguntas e incluso enviármelas de antemano.

IMPLICA AL PÚBLICO

Uno de los principios básicos del ejercicio de hablar en público es la interacción con los asistentes o la implicación de estos. Siempre deberías hablar *con* la gente más que *a* la gente que compone el público. Esta es una gran filosofía para la vida en general. No obstante, si de verdad quieres conectar con un grupo de personas, ¿qué mejor manera que involucrarlos en la presentación?

Muchas personas, incluso los mejores presentadores, se quedan atrapados en una especie de «burbuja de la presentación». Nos quedamos enganchados en nuestros propios pensamientos y se nos olvida hablar para nuestro público en tiempo real. Puede que estés tan concentrado en cubrir los puntos adecuados en la presentación, enunciarlos claramente y establecer contacto visual con el público, que descuides la interactuación con los seres humanos que tienes delante. Esa interactuación se olvida tan fácilmente y con tanta frecuencia que los miembros del público han acabado por acostumbrarse a una presentación estándar: un orador aparece en el escenario, tal vez hace un par de preguntas y camina un poco arriba y abajo. En cierto sentido, esto podría beneficiarte como estrella futura de las presentaciones: si el público está acostumbrado a la típica presentación de siempre, entonces cualquier cosa que sea mínimamente diferente o emocionante será mil veces mejor que cualquier otra presentación que haya visto.

John Medina, investigador y autor de *Exprime tus neuronas: 12 reglas básicas para ejercitar la mente*, dice que el cerebro empieza a desconectar al cabo de una media de 9 minutos y 59 segundos, por muy interesante que sea la charla. Durante ese tiempo, es absolutamente necesario que empieces a ofrecer vías de implicación para que las personas que te escuchan puedan reconectar no solo contigo sino también entre ellos.

Todo se reduce a salvar la brecha entre el público y el ponente, y crear una experiencia que todo el mundo pueda compartir aunque sea unos minutos.

Hay muchos tipos diferentes de situaciones y entornos en los que hacer una presentación, desde pequeños eventos a nivel de sala de reuniones de consejo de dirección hasta colosales cumbres mundiales. Evidentemente, cada uno de esos tipos de presentación plantea un potencial diferente para la interactuación con el público, pero a continuación sugerimos unas cuantas tácticas que se pueden aplicar a muchos de ellos.

Actividades

Invitar al público a participar en una actividad es seguramente la manera más eficaz de fomentar su implicación. Las actividades animan al público a realizar una acción en vez de limitarse a escuchar. Cuando se da a los miembros del público una tarea a realizar o se les pide que piensen, sienten que están contribuyendo. En consecuencia, pasan a tener un interés personal en tu presentación. Les has dado un propósito y una dirección.

¿Te acuerdas de Erik Wahl, el artista de grafiti? Erik les pidió a unos cuantos miembros del público que fueran valientes y realizaran toda una serie de actividades embarazosas. A cambio, él les regaló las obras de arte que pintó durante la presentación. Todo el mundo quería una y Wahl lo sabía. Los mantuvo implicados todo el rato creando suspense y haciendo que hubiera algo en juego.

Las actividades que escojas pueden ir desde simples dinámicas para romper el hielo hasta juegos de uno o múltiples jugadores. En cualquier caso, deberían conseguir que el público compitiera, colaborara o sencillamente se divirtiera. No es obligatorio que estén relacionadas de forma directa con tu mensaje, pero desde luego ayuda a que sea así. Tu objetivo es que a la gente le bulla la sangre por las venas, que las bocas hablen y los cerebros piensen. Lo que pretendes es que quienes te escuchan permanezcan alerta, preparados para recibir tu mensaje.

Para grupos más pequeños de 15 a 25 personas, una buena actividad para romper el hielo para iniciar talleres y establecer cuánto sabe el público es la versión abstemia —y adaptada— del juego «Alguna vez yo…»: haz que los miembros del público levanten los diez dedos de las manos y luego vayan bajando un dedo cada vez que leas una afirmación que sea verdad en su caso. Haz durar el juego hasta que ya no quede un solo dedo levantado o se te acaben las afirmaciones, y termina con una del estilo: «Alguna vez yo… he leído todas las diapositivas de una presentación». Dependiendo de lo competitiva que sea la gente del público (los equipos de ventas y los directivos son particularmente competitivos), puede que tengas que ofrecer un premio, como por ejemplo una tarjeta de regalo. Además de entablar una conversación, esta es una forma fácil y divertida de presentar los puntos principales o los hechos que podrían servir para sensibilizar sobre una causa en concreto.

Otras actividades:

- *Para un público reducido.* Divide al público en grupos para que hablen, se desafíen e intercambien impresiones entre ellos, y luego haz que compartan los resultados de su grupo con el resto.

- *Para un público numeroso.* Escenifica procesos, por ejemplo una interacción comercial, con un voluntario de entre el público.

- *Para un público de cualquier tamaño.* Hazle un miniexamen al público y recompensa la participación con un premio.

El consejo de Kenny

Identificar maneras memorables de conseguir que el público se ría de sí mismo hace que tú caigas mejor y se te perciba como más accesible. Una de las cosas que más me gusta hacer en mis presentaciones es sacar a un voluntario de entre el público para que haga de modelo de lo que yo considero buen lenguaje corporal. Por ejemplo, si digo «haz contacto visual», el voluntario o voluntaria suele mirar fijamente al público de un modo algo raro pero gracioso. Es una forma genial de romper el hielo.

Preguntas

Las preguntas van más allá de limitarte a pedir al público que levante la mano o aplauda a modo de respuesta. Sé creativo. Por ejemplo, con grupos a los que les gusta la participación y en los que esta se fomenta, puedes utilizar herramientas como Catchbox (http://getcatchbox.com/). La persona que atrapa la caja tiene que decir lo que más curiosidad le produce en relación con el tema de tu presentación.

Además del turno de preguntas posterior a la presentación, también es bueno para mantener al público alerta ir haciéndole preguntas que estén relacionadas con el tema. Si estás intentando introducir un nuevo concepto, puedes usar a un miembro del público como un ejemplo de la vida real o tal vez obtener *feedback* en tiempo real sobre algo que acabas de hacer o decir. La gente aceptará mejor una idea que se esté probando o aplicando en su presencia. Sé transparente. Si una idea no funciona, demuestra que eres flexible. Ten en cuenta que hacer preguntas al público significa que tienes que estar preparado para cualquier cosa. Anticipar qué preguntas pueden surgir te hará mejor presentador y ser natural a la hora de responder te proporcionará una credibilidad con la que la gente se queda.

PROTOCOLO PARA LAS PREGUNTAS

- Puedes responder a preguntas en mitad de la presentación.

- Si desconoces la respuesta a una pregunta, reconoce tu ignorancia. Incluso puedes preguntar al público si hay alguien que sepa la respuesta. Con esto, potencialmente logras implicar de nuevo a todo el mundo. Si nadie sabe la respuesta, asegúrate de enviar un correo electrónico con la respuesta más adelante o publicarla en las redes sociales.

- Permanece en silencio después de hacer tú una pregunta. Eso hará que alguien sienta la necesidad de dar una respuesta.

- Cuando respondas a las preguntas que te hagan, empieza por decir algo así como: «Gracias por la pregunta» en vez de «¡Excelente pregunta!» No debes sonar ni sarcástico ni condescendiente.

Te recomendamos que grabes todas las preguntas frecuentes de tus presentaciones para que te puedas preparar buenas respuestas.

Demostraciones en directo

Invitar a un miembro del público a que haga una demostración en directo de un producto te permitirá lograr varios objetivos: implica al público en tu presentación, capta el interés y genera suspense, y además ilustra cómo utilizaría un consumidor tu producto o servicio. Eso sí, asegúrate de que el producto de muestra esté listo para una demostración: un miembro del público en el escenario puede convertirse en el mayor fan o el peor crítico del producto cuando vuelva a su sitio.

Si hablamos de demostraciones de producto en directo, nadie las hace como Apple. Steve Jobs presentó la funcionalidad de FaceTime del iPhone llamando a su amigo y colega Jony Ive en directo. Completar con éxito una demostración tecnológica puede resultar una experiencia mágica para el público, pero también puede dañar tu credibilidad si factores externos como una conexión wifi inestable o un equipo que no funcione bien evitan que la puedas llevar a buen puerto. Ensaya, ensaya, ensaya. Y ten siempre preparado un plan B.

Redes sociales

Crear un *hashtag* para tu presentación es una forma sensacional de establecer una conexión con el público. También te permite hacer un seguimiento de la implicación, ya que puedes ver cuánta gente usa el *hashtag*, cómo se comparte y qué está diciendo esta. Puedes medir el alcance, la frecuencia y la opinión pública, y todo eso con tan solo compartir un *hashtag*.

Ahora bien, los *hashtags* también te pueden perjudicar. Por ejemplo, para su intervención en la feria de electrónica de consumo CES de 2013, Qualcomm decidió hacer una presentación bastante extrema con actores, músicos y apariciones estelares. Todo eso suena increíble en teoría,

Ross Miller 🐦
@ohnorosco

Creo que están a punto de hacer *sexting** en la presentación de Qualcomm…, y aun así confundirse de medio a medio.

7 Ene 13

* [enviar contenido de tipo sexual, principalmente fotos o vídeos, a través del teléfono móvil]

NADA me recuerda más a Qualcomm que un ataque vampírico

7 Ene 13

OMFG* HA LLEGADO EL PÁJARO GIGANTE NO ENTIENDO QUÉ ESTÁ PASANDO

7 Ene 13

* [*Oh my fucking God*, que sería una expresión equivalente a «me cago en la…»]

pero la forma en que se ejecutó confundió a algunos de los asistentes, tanto en directo como en línea, y estos expresaron en Twitter su confusión e hicieron chistes sobre Qualcomm.

Lección clave: asegúrate de que el público esté cómodo con lo que le ofreces o prepárate para enfrentarte a su ira.

Publica tu presentación en línea

También puedes provocar la interacción con el público publicando tu presentación en línea en páginas web como SlideShare o Prezi. Tu público, así como otros usuarios, puede ver la presentación, dejar comentarios e incluso seguirla en tiempo real. Utilizar la tecnología para llegar al

El consejo de Kenny

Para conseguir más información sobre cómo utilizar SlideShare, visita http://www.bigfishpresentations.com donde podrás obtener un libro gratuito.

público y conectar con él puede parecer un método distante e impersonal pero es un enfoque moderno de eficacia probada.

Hay tan solo unas cuantas maneras de involucrar al público en tu presentación. El tema, el perfil demográfico de la audiencia, el número de asistentes, el lugar y el momento determinarán el modo o el grado en que puedas conectar con él. Si tienes dudas, pide al organizador del evento que te aconseje sobre lo que es adecuado.

DESPUÉS DE LA EXPERIENCIA

Cuando bajes del escenario después de tu presentación, te vas a sentir rebosante de adrenalina y también aliviado de que ya haya terminado todo. Habrás dado unos cuantos apretones de mano, incluso habrás hecho algún que otro contacto. Ahora no es momento de descansar. Este es un punto crucial para garantizar la eficacia de tu presentación. Puede que el público haya absorbido tu mensaje y es probable que hayas realizado un trabajo excelente a la hora de implicarlo en un diálogo de algún tipo, pero todo esto no significa nada a no ser que lo inspires a pasar a la acción.

Para eso tienes que dejar al público con algo, ya sea un objeto físico o una sensación de urgencia en emprender alguna acción. Necesitas mostrarle que te importan tanto la presentación como la pospresentación del tema. Esto hace que los miembros del público conecten directamente contigo. Cuanto mejor sea la relación que entables con tu público, mayor será la oportunidad de provocar un cambio. Puedes usar cualquier cosa, desde folletos con la correspondiente URL e información de contacto, hasta acciones de seguimiento a través de las redes sociales y lápices de memoria con tu presentación y enlaces a más materiales complementarios. Sea lo que sea con lo que se quede el público, asegúrate de que se relacione directamente con tu idea.

Si escribes libros, hablar en eventos es una manera sensacional de dar a conocer tu libro. Uno de nuestros clientes, el autor del superventas del *New York Times* titulado *Las nuevas reglas del marketing* (que recomendamos tanto a aspirantes como a experimentados profesionales del marketing) y un gran presentador por derecho propio, David Meerman Scott, dio una charla en una conferencia en Buffalo, Nueva York, hace años. La exposición de su presentación fue impecable, pero además Meerman Scott hizo que el alcance de esta fuera todavía más lejos y entregó a todos los asistentes a la conferencia una bolsa con su libro dentro. Con eso ayudó al público a recordar su mensaje y reflexionar sobre este en función de algo físico. Además también pudieron compartirlo con otros.

El consejo de Kenny

Yo hago tres cosas después de todas las presentaciones, y de todas me han surgido nuevas oportunidades de negocio: (1) Informo a la gente de que se pueden poner en contacto conmigo si les ha gustado la presentación. Les pido sus tarjetas de visita y les envío recursos que les ayudarán a mejorar sus presentaciones. (2) Comparto mi usuario de Twitter y un *hashtag* para que la gente pueda tuitear lo que les ha parecido mi presentación. (3) Y también subo mis diapositivas a páginas web como SlideShare (slideshare.net/bigfishpresentations) y las incluyo asimismo como un documento PDF en nuestro blog (hookyouraudience.com). Si puedo grabar la presentación, la subo a nuestro canal de YouTube y otras redes sociales.

En una conferencia organizada por la publicación *Entrepreneur Magazine* en Nueva Orleans, el artista de grafiti Erik Wahl habló sobre enfrentarse al miedo. Durante su presentación, repartió varias obras de arte que había ido pintando en el escenario en directo durante la propia charla. Como resultado, hubo muchos tuits sobre lo maravillosas que eran sus obras. Aquello fue ganando tracción en las redes sociales y finalmente resultó en que aumentara la valoración de sus obras. Al cierre de su discurso, Wahl anunció una «caza del tesoro» que tituló «Art

Drop», diciendo que dejaría bellas pinturas de los iconos de todas las ciudades a las que fuera a dar una conferencia en la ciudad misma. Esto hizo que el público empezara a consultar su perfil en las redes sociales en determinados momentos en busca de pistas de dónde había dejado las obras. La gente se volvió loca cuando reveló que Drew Brees, el popular *quaterback* del equipo de fútbol americano de los Nueva Orleans Saints, era el protagonista de una de las obras.

No todas las presentaciones pueden incluir laboriosas cazas del tesoro, pero otros ejemplos mencionados anteriormente también podrían inspirarte a la hora de ampliar el impacto de tu presentación.

El consejo de Kenny

Si tienes libros que compartir pero no los puedes transportar, no te preocupes. En caso de existir una edición en formato de libro electrónico, regálala a los asistentes. Es perfecto, ya que el público tendrá que darte sus direcciones de correo electrónico. No tienes más que poner sus datos de contacto en la opción «Cheques regalo» y recibirán un código electrónico que podrán conjear para obtener el libro. Si estás promocionando el libro, sencillamente asegúrate de comentarlo primero con el organizador del evento para cerciorarte de que no tenga inconveniente.

CÓMO CONSEGUIR *FEEDBACK* VALIOSO

La presentación se ha terminado. Tu mensaje fue impactante, tus diapositivas eran preciosas y tu exposición logró cautivar. Te sientes bien por todo eso y los miembros del público parecen haber disfrutado de tu presentación, algunos incluso parece que quieren hablar contigo al finalizar. Después de todo el trabajo y el tiempo invertidos, es hora de relajarse, ¿no?

Todavía no.

Después del aplauso, las sonrisas y los apretones de manos, todavía te queda trabajo, porque es el momento del *feedback* posterior a la presentación.

Pero ¿y si tu presentación ha sido perfecta? ¿Para qué necesitas el *feedback*? En primer lugar, ninguna presentación es perfecta. En casos muy raros, puede que las críticas sean mínimas, pero aun así necesitas el *feedback*. ¿Por qué? Para seguir mejorando como presentador, necesitas oír lo malo así como lo bueno.

Tanto si es un cumplido sobre el diseño de tus diapositivas como si se trata de una corrección de tu pronunciación de una palabra, es importante saber el recibimiento que ha tenido tu presentación. Pedir a un grupo de colegas, otros ponentes, mentores o un grupo escogido de miembros del público que hagan una crítica de tu presentación es un ejercicio muy útil.

El *feedback* es fundamental para mejorar. Estás intentando convertirte en mejor presentador, potenciando la experiencia general que recibe el público. Estás buscando críticas constructivas que puedas tomar en consideración para tu próxima presentación.

Intenta obtener tanto *feedback* detallado como sea posible de modo que puedas abordar cualquier problema inmediatamente. En vez de conformarte con respuestas de sí o no, insiste al público para que te den razones concretas por las que tu presentación fue —o no— eficaz y entretenida. «Has estado bien» o «No me ha gustado» es *feedback* poco menos que inútil si se trata de mejorar tus capacidades oratorias. «Has estado bien porque…» o «No me ha gustado cuando has…» son el tipo de comentario que quieres. Cuanto más específico sea el *feedback*, mejor.

Aquí tienes unas cuantas preguntas que puedes plantear al público:

- ¿He comunicado claramente el punto principal de la presentación? ¿Cómo?

- ¿He divagado demasiado? ¿Cuándo?

- ¿Mis diapositivas confundían? ¿Cuáles?

- ¿He hecho que las cuestiones que abordo en los puntos principales te importen? ¿En qué sentido?

- ¿Qué tal ha estado la exposición de la presentación? ¿Cómo puedo ser más natural?

- ¿He hecho suficientes pausas, hablado demasiado rápido, hecho movimientos corporales desconcertantes o cualquier otra cosa que te haya hecho sentir incómodo? De ser así, ¿qué?

- ¿Cuál es el principal aspecto en el que todavía tengo que mejorar?

- ¿Qué necesito seguir haciendo? ¿Por qué?

No te tomes el *feedback* a título personal. Cuando la gente te diga que no les gusta algo no te pongas a la defensiva. En vez de eso, piensa en el *feedback* negativo como una herramienta para ayudarte a hacerlo mejor la próxima vez. Sin las críticas, todos seguiríamos cometiendo los mismos errores una y otra vez. Sin la honestidad del público, las presentaciones nunca mejorarían. Usa estas críticas para ir creciendo comentario a comentario.

Otro aspecto importante del *feedback* es el proceso de documentarlo para usarlo posteriormente. Lleva contigo una libreta, reparte formularios para recabar comentarios, haz grabaciones de audio y vídeo —lo que sea que te resulte más cómodo—, pero sencillamente asegúrate de tener un sistema de documentación. Llevar un registro de todos los comentarios te recordará que debes incorporar el *feedback* en tu trabajo. Cuando estés preparando tu próxima presentación, repasa los comentarios recibidos unas cuantas veces. Te sorprenderás, no solo de lo mucho que puedes llegar a aprender sino también de todo lo que llegarás a recordar si llevas un registro del *feedback*.

Lo mejor es obtener y revisar el *feedback* inmediatamente después de la presentación, cuando todavía la tengas fresca en la mente. Si tienes notas escritas a mano transcríbelas en cuanto puedas; te ayudarán a recordar los cambios que necesitas realizar cuando ensayes después.

Después del *feedback*, céntrate en los puntos más importantes. No trates de abarcar demasiado de una vez. Con el tiempo, estos esfuerzos se irán añadiendo unos a otros y tus capacidades mejorarán drásticamente.

Si bien el *feedback* es extremadamente valioso, no todo ayuda. Te tienes que tomar todos los comentarios que te den con cierta (mucha) precaución, evaluándolos todos para ver si están alineados con la visión que tienes para tu presentación. Los consejos no cuestan nada pero seguir el consejo equivocado te puede salir caro. Haz lo que sientas que es lo correcto e ignora lo que no sea aplicable. Incorporar el *feedback* requiere tiempo y paciencia, y también buen juicio para establecer la eficacia con la que mejorarás.

Identificar y eliminar las debilidades así como capitalizar y desarrollar las fortalezas es vital para crecer como orador. En ocasiones, tal vez sientas la tentación de saltarte la obtención de *feedback*, pero obtener este tipo de información valiosa te beneficiará mucho a largo plazo.

CONCLUSIÓN

Hemos hablado de ser único y destacar en medio de la multitud. Hemos hablado de cómo dominar el pánico escénico, de qué hacer antes y después de la presentación y de cómo lograr que el público conecte contigo. Pensar y hablar de todas estas cuestiones es una cosa, pero ponerlas en práctica es verdaderamente otra muy diferente.

En lo que se refiere a crear una experiencia para el público, tienes que ser muy disciplinado, diligente y orientado al detalle.

Para empezar, remóntate mentalmente a por qué estás haciendo una presentación. Tanto si estás intentando difundir una idea, recabar fondos o hacer que la gente se ría, toda presentación tiene un propósito. Identifica y recuerda el de la tuya cuando estés montando tu experiencia de presentación: te ayudará a mantenerte centrado en tu objetivo en todo momento y en última instancia también te permitirá ofrecer mejores resultados. Todas las tareas que van de la preparación al seguimiento posterior requieren mucho trabajo y esfuerzo pero, al final, lo que habrás conseguido es inspirar a un grupo de personas con tus ideas y habrás dado el primer paso —y el más importante— tendente a generar un cambio.

Retos

NOVATO

- Crea un título o titular que sea pegadizo y del que el público se haga eco a nivel emocional.

- Antes de tu próxima presentación, conecta con el público y pregúntale qué le gustaría aprender de tu charla.

- Sube tu presentación a YouTube y SlideShare para promocionarte a ti mismo y solicitar *feedback*.

EXPERTO

- Regala algún recuerdo original durante tu próxima presentación (Dima Ghawi regaló a todos los miembros del público un trocito del jarrón de cristal que había roto en el escenario).

- Apela a cuatro de los cinco sentidos en tu próxima presentación.

- Encuentra la manera de incorporar una interactuación con el público cada 10 minutos, ya sea a través de una demostración en directo de tu tecnología, actividades o preguntas.

CONCLUSIÓN: NUESTRA LLAMADA A LA ACCIÓN

Todo lo bueno se acaba.

Nos gustaría dejarte con una última llamada a la acción: *presenta siempre con el bien del mundo en mente.*

Ser un gran comunicador es un regalo y debería compartirse y tratarse como tal. Sé una fuerza en favor del cambio positivo.

Confiamos en que los conocimientos que hemos compartido aquí te ayuden a conseguirlo. Desarrolla ese regalo.

En Big Fish Presentations te deseamos la mejor de las suertes en tus esfuerzos por mejorar tus presentaciones y esperamos tus noticias sobre cómo estás contribuyendo con todo ello a cambiar el mundo.

¡Felices presentaciones!

BIG FISH PRESENTATIONS

Gracias.

RECURSOS ADICIONALES

Puntos fundamentales de las presentaciones

EL PROCESO BIG FISH PRESENTATIONS

- Contenido interesante + Material visual memorable y sencillo + Exposición impactante = Experiencia inolvidable.

- Los diez mandamientos de Big Fish Presentations:

    1. Presenta los beneficios para el mundo, no para ti.

    2. Recuerda que el tiempo no es un recurso renovable. Respétalo.

    3. Nunca des una presentación a la que no te gustaría asistir.

    4. Ten presente que la gente siempre recuerda más al presentador que la presentación en sí.

    5. Apasiónate con el tema.

    6. Cuenta historias.

    7. Ofrece siempre una progresión que culmine en una llamada a la acción.

    8. Si crees que ya has practicado lo suficiente, practica otra vez más.

    9. Interactúa con el público en la medida de lo posible.

    10. Pásatelo bien.

- Todos los grandes presentadores tienen seguridad en sí mismos y son optimistas, comprensivos, realistas, genuinos y capaces de conectar.

CONTENIDO

- Antes de presentar, repasa las seis preguntas que deberías plantearte cuando investigues un tema: ¿Quién? ¿Qué? ¿Cuándo? ¿Dónde? ¿Por qué? ¿Cómo?

- Usa tu investigación para identificar un tema general que haga al público pensar y sentir, y no meramente observar.

- La gran idea es el propósito de tu presentación.

- Si no eres capaz de decir de qué trata tu presentación en una frase, estás haciendo algo mal.

- Elabora tres puntos principales y material de apoyo para cada uno de ellos.

- Sé creativo en la apertura: cuenta historias, haz preguntas, cita a otros, comparte estadísticas o cuenta un chiste.

- Hay tres elementos fundamentales que hacen que una historia conmueva: el contenido emocional y el contexto de la historia, el villano (el problema) y el héroe (el público), y el suspense.

- Cuando trabajes con datos, preséntalos de manera relevante, con propósito y de un modo emotivo para que el público pueda conectar con ellos.

- Toda presentación precisa una llamada a la acción que cree un cambio tangible, haciendo una pregunta incisiva, planteando una petición potente u ofreciendo una solución.

- Prepara al público con una hoja de ruta de tu presentación verbal y visual. Y atente a ella.

- Utiliza palabras y frases que no solo se puedan recordar fácilmente sino también que, además, se puedan compartir en conversación y a través de las redes sociales.

- Añadir contenido a tu presentación es fácil. El verdadero truco consiste en eliminar lo que es superfluo, dejando un mensaje sencillo y potente.

DISEÑO

- El primer paso en diseño es crear un *storyboard* o guión visual.

- Evalúa, idea y afina hasta que los conceptos sean lo suficientemente potentes como para desarrollarse.

- ¿Qué hace buena una diapositiva? Que sea sencilla, comprensible y memorable.

- Los colores tienen un significado psicológico. Utilízalos para provocar emoción.

- Diseña con una jerarquía en mente. Esto afecta al color, alineación, escala, peso e intervalos espaciales.

- Cuando diseñes las diapositivas, emplea la mínima cantidad de texto, fotografías potentes y fuentes que se lean fácilmente, y aprovecha las ventajas que ofrece el espacio en blanco.

- Evita a toda costa las típicas imágenes de banco de fotos. Sé alguien con quien se puede conectar.

- La animación y los vídeos ayudan a mostrar el proceso, a comparar y contrastar, y a ir generando expectativas hasta la gran revelación final.

- Ve más allá de los datos puros y duros, y muestra lo que significan para el público a través de gráficos creativos, tablas e infografías.

- La documentación impresa para entregar a los asistentes puede ser un material eficaz de marketing, además de proporcionar información adicional.

- La documentación impresa para entregar a los asistentes también puede distraer. Debería elegirse con cuidado el momento de su distribución.

- PowerPoint no es tu única opción de presentación. Experimenta con otras plataformas dependiendo de a qué público vayas a dirigirte.

EXPOSICIÓN

- Hay cuatro estilos diferentes de exposición: profesor, anfitrión, entrenador y estrella. ¿Cuál es el tuyo?

- Debes saber el tiempo que tienes y no agotarlo.

- Un buen lenguaje corporal significa expresiones faciales auténticas, contacto visual potente, gestos naturales y posturas abiertas.

- No hables demasiado rápido o harás que el público se pierda. No hables demasiado despacio o harás que el público se duerma. Equilibra tu energía.

- Baja el ritmo. Respira. Piensa. Tu público lo agradecerá.

- Si estás pensando en decir «eeeh» o «ya me entiendes», haz una pausa para encontrar las palabras adecuadas.

- El *feedback* es más importante de lo que crees. Prepárate para el futuro estudiando el pasado.

- Cualquier cosa puede ser interesante. Vende el chisporroteo del aceite en la sartén y no el filete.

- Cuando ensayes, céntrate en tres aspectos: practicar en tiempo real, cronometrarte y obtener *feedback*.

- Los webinarios son una forma maravillosa de conectar con el público en línea.

EXPERIENCIA

- El pánico escénico es perfectamente normal. Combátelo eficazmente identificando un ritual que te tranquilice.

- No temas hacer algo difícil si la situación lo permite.

- Elabora un título pegadizo y memorable, y promociona tu presentación en línea.

- Mantén al público implicado con actividades, preguntas y tecnología cautivadora.

- Después de tu presentación, haz un seguimiento para mantener una conexión plena de sentido con el público.

- Pide siempre *feedback* e incorpóralo en tu próxima presentación.

Herramientas e inspiración

CONTENIDO

- *Copyblogger*. Libros electrónicos y artículos sobre textos buenos (http://copyblogger.com)

- *Grammar Girl*. Consejos rápidos y sencillos sobre gramática (http://quickanddirtytips.com)

- *Hubspot*. Una recopilación de libros electrónicos sobre cómo crear textos que conmuevan (http://hubspot.com)

STORYBOARDING/BRAINSTORMING (lluvia de ideas)

- *Fifty Three Paper*. Una gran app que te permite esbozar diapositivas en el iPad (https://www.fiftythree.com/paper)

- *Wordstorm*. Una página web para encontrar palabras relacionadas con tu tema (http://www.lonij.net/wordstorm/wordstorm.php)

DISEÑO

- *Prezi*. Una herramienta de diseño para presentaciones no lineal con funcionalidades de zoom (http://prezi.com)

- *SlideShare*. Una red social en la que se comparten presentaciones que son tendencia (http://slideshare.net)

- *Haiku Deck*. Un editor en línea que ayuda a diseñadores y no diseñadores por igual a crear juegos de diapositivas sobre la marcha (http://haikudeck.com)

- *Scrollmotion*. Una aplicación móvil para presentaciones perfecta para presentaciones de formación, educativas y de ventas (http://scrollmotion.com)

- *Bunkr*. Una herramienta de diseño de presentaciones basada en html (http://bunkr.me)

- *Flowella*. Una herramienta en línea interactiva para hacer presentaciones que te permite organizar el contenido en secciones (http://flowboard.com)

- *Projeqt*. Una herramienta de diseño de presentaciones creada por la agencia TBWA que integra la interacción en directo en las redes sociales dentro de una presentación (http://projeqt.com)

- *Spritesapp*. Infografías interactivas (https://spritesapp.com)

- *Canva*. Sencillo editor en línea de fotos (http://canva.com)

- *HowDesign*. Una recopilación de recursos de diseño en torno a la fotografía, la tipografía y otros medios creativos (http://howdesign.com/resources-education)

- *Behance*. Una muestra de algunos de los trabajos más creativos de la Red (http://behance.com)

- *Design Hunt*. Una selección muy cuidada de herramientas y trucos de diseño que son tendencia (http://talkaboutdesign.com)

- *Type Genius*. Una página web en la que puedes, según sus propias palabras, «encontrar la combinación perfecta de fuentes para tu próximo proyecto» (http://typegenius.com)

- *SlideRocket*. Una herramienta que te proporciona mejor *feedback* para las diapositivas de grupo (http://sliderocket.com)

- *Sway*. Editor en línea de Microsoft para presentaciones/páginas web con medios interactivos fácilmente integrados (http://sway.com)

- *Deckset*. Paso instantáneo del contenido a la diapositiva para presentadores con prisa (http://www.decksetapp.com)

- *Note and Point*. Una compilación de algunas de las presentaciones mejor diseñadas en PowerPoint y Keynote (http://www.noteandpoint.com)

- *Piktochart*. Infografías (http://piktochart.com)

- *Visual.ly*. Un mercado de presentaciones, infografías o vídeos de gráficos en movimiento (http://visual.ly)

- *Fonts in Use*. Fuentes de diseñador gratuitas (http://fontsinuse.com)

- *Font Squirrel*. Fuentes de diseñador gratuitas (http://fontsquirrel.com)

- *Lost Type*. Una compilación de fuentes de diseñador disponibles para su compra (http://losttype.com)

- *Urbanfont*. Fuentes de diseñador gratuitas (http://urbanfont.com)

- *Public Domain Archive*. Banco de fotos gratuito (http://publicdomainarchive.com)

- *iStock*. Fotografías libres de derechos (http://istock.com)

- *Shutterstock*. Fotografías libres de derechos (http://shutterstock.com)

- *Airstoc*. Banco de fotografías aéreas (http://www.airstoc.com)

- *Offset*. Una opción más cara de imágenes de banco de fotos e ilustraciones de gama alta (http://offset.com)

- *Facebox*. Banco de fotos de rostros a precio razonable (http://facebox.io)

- *Placeit*. Una página web que te permite colocar rápidamente capturas de pantalla de fotografías en marcos (http://placeit.net)

- *Awwwards*. Una recopilación de algunos de los mejores diseños digitales de la Red (http://awwwards.com)

EXPOSICIÓN/EXPERIENCIA

- *TED.* Charlas TED (http://ted.com)

- *99u.* Charlas inspiradoras (http://99u.com/videos)

- *NPR Commencement.* Una recopilación de los mejores discursos de graduación (http://apps.npr.org/commencement)

VARIOS

- *Kivo.* Una herramienta innovadora que permite a otros dar *feedback* en tus juegos de diapositivas de PowerPoint (https://www.kivo.com)

- *Tweetwall.* Una plataforma que te permite mostrar tu *hashtag* en tu evento; se puede utilizar en pantalla durante la presentación (http://tweetwall.com)

- *Slidedog.* Una herramienta que te permite crear una lista de reproducción de presentaciones fluida, perfecta para conferencias (http://slidedog.com)

- *Producthunt.* Una cuidada selección del software, la tecnología y en general cosas chulas y más actuales. Sigue esta página web para estar a la última en lo que a software se refiere y herramientas para presentaciones (http://producthunt.com)

- *Catchbox.* Una caja (*box* en inglés) que contiene un micrófono que puede desencadenar debates generados por actividades (http://us.getcatchbox.com)

Libros

SOBRE CONTENIDO Y EXPOSICIÓN

- *Ideas que pegan* de Chip Heath y Dan Heath

- *Presenting to Win* [Presentar para ganar] de Jerry Weissman

- *Resonancia: cómo presentar historias visuales que transforman a tu audiencia* de Nancy Duarte

- *Presentaciones persuasivas* de Nancy Duarte

- *Método Ted para hablar en público: los secretos de las conferencias que triunfan en todo el mundo* de Jeremey Donovan

- *Confessions of a Public speaker* [Confesiones de un orador] de Scott Berkun

- *Pitch Anything* [Presenta lo que sea] de Oren Klaff

- *Las presentaciones: secretos de Steve Jobs: cómo ser increíblemente exitoso ante cualquier auditorio* de Carmine Gallo

- *Talk like TED* [Habla como TED] de Carmine Gallo

SOBRE DISEÑO

- *Presentación zen: ideas sencillas para el diseño de presentaciones* de Garr Reynolds

- *Presentation Zen Design* [Diseño de presentaciones zen] de Garr Reynolds

- *Slide:ology: arte y ciencia para crear presentaciones convincentes* de Nancy Duarte

- *Infografics* [Infografías] de Column Five

- *Thinking with Type* [Pensar con tipografías] de Ellen Lupton

- *Tu mundo en una servilleta: resolver problemas y vender ideas mediante dibujos* de Dan Roam

- *Graphic Design* [Diseño gráfico] de Ellen Lupton

NOTAS

CAPÍTULO 2

1. Anne Fisher, *Conquering the Five Minute Attention Span*, http://fortune.com/2013/07/10/giving-a-speech-conquer-the-five-minute-attention-span/

2. Carol Goman, *Seven Seconds to Make a First Impression*, http://www.forbes.com/sites/carolkinseygoman/2011/02/13/seven-seconds-to-make-a-first-impression/

   Carmine Gallo, *Las presentaciones: secretos de Steve Jobs: cómo ser increíblemente exitoso ante cualquier auditorio* (página 110 en el libro original en inglés: *Presentation Secrets of Steve Jobs*).

3. Doug Pray, documental: *Art & Copy*.

CAPÍTULO 3

1. Evento especial de Apple, http://www.apple.com/apple-events/september-2013

2. Del vídeo de YouTube http://www.youtube.com/watch?v=t3mAHQuBqQI

3. Nancy Duarte, *Guías HBR: Presentaciones persuasivas.*

4. Garr Reynolds, *Presentación zen: ideas sencillas para el diseño de presentaciones*, Volumen 1.

5. Scott Gerber, *10 Tips for Company Color Schemes* [10 consejos para elegir combinaciones de colores corporativos], http://mashable.com/2013/06/09/color-schemes-business/

6. Ellen Lupton y Jennifer Cole Philips, *Diseño gráfico: nuevos fundamentos.*

7. Karen Haller, *Colour Psychology… The Meaning of Green* [Psicología del color… El significado del verde], http://karenhaller.co.uk/blog/colour-psychology-the-meaning-of-green

8. Karen Haller, *Business Branding Colours… The Meaning of Green* [Colores de marca… El significado del verde], http://karenhaller.co.uk/blog/business-branding-colours%E2%80%A6-meaning-of-green/

9. Karen Haller, *Colour Psychology… The Meaning of Yellow* [Psicología del color… El significado del amarillo], http://karenhaller.co.uk/blog/colour-psychology%E2%80%A6-the-meaning-of-yellow/

10. Karen Haller, *Colour Psychology… The Meaning of Red*

[Psicología del color… El significado del rojo], http://karenhaller.co.uk/blog/wp-content/uploads/2012/02/Colour-Psychology-the-meaning-of-red-red-signs.jpg

11. Michelle Manetti, *America's Favorite Color Is Blue, According to House Beautiful's 2012 Color Report* [El color favorito de los estadounidenses es el azul, según un estudio de colores publicado por la revista de decoración *House Beautiful* en 2012], http://www.huffingtonpost.com/2012/08/29/house-beautif-2012-color-report_n_1840383.html

12. Karen Haller, *Colour Psychology… The Meaning of Brown* [Psicología del color… El significado del marrón], http://karenhaller.co.uk/blog/colour-psychology-the-meaning-of-brown/

13. Ibíd.

14. Karen Haller, *Colour Psychology… The Meaning of Black* [Psicología del color… El significado del negro], http://karenhaller.co.uk/blog/colour-psychology-the-meaning-of-black/

15. Laurence Lessing, Free Culture (presentación), http://archive.org/details/Lessing-Free_Culture

16. Karen Haller, *Colour Psychology… The Meaning of Orange* [Psicología del color… El significado del naranja], http://karenhaller.co.uk/blog/colour-psychology-%E2%80%A6-the-meaning-of-orange/

17. Karen Haller, *Colour Psychology… The Meaning of Pink* [Psicología del color… El significado del rosa], http:// karenhaller.co.uk/blog/colour-psychology-the-meaning-of-pink/

18. Karen Haller, *Business Branding Colours… The Meaning of Blue* [Colores de marca… El significado del azul], http://karenhaller.co.uk/blog/business-branding-colour-%E2%80%A6-meaning-of-blue/

19. Harwish Manwani, *La ganancia no lo es todo siempre* https://www.ted.com/talks/harish_manwani_profit_s_not_always_the_point?language=es

20. Ellen Lupton y Jennifer Cole Philips, *Diseño gráfico: nuevos fundamentos.*

21. Ibíd.

22. Ellen Lupton, *Pensar con tipos: una guía clave para estudiantes, diseñadores, editores y escritores.*

23. Ian Sample, *Higgs Boson: It's Unofficial! Cern Scientists Discover Missing Particles* [El bosón de Higgs: ¡es no oficial! Los científicos del Cern descubren la partícula perdida], http://www.theguardian.com/science/2012/jul/04/higgs-boson-cern-scientists-discover

24. SlideShare.net

25. Del vídeo de vimeo, https://vimeo.com/112727142

26. offset.com

27. uifaces.com

28. placeit.net

29. Garr Reynolds, *From Golden Mean to «Rule of Thirds,»* [De la media de oro a la «regla de los tercios»], http://www.presentationzen.com/presentationzen/2005/08/from_golden_mea.html

30. http://mariodelvalle.github.io/CaptainIconWeb/

31. http://iconion.com/

32. David McCandless, *La belleza de la visualización de datos,* https://www.ted.com/talks/david_mccandless_the_beauty_of_data_visualization?language=es

33. Visually, *What Is an Infographic?,* http://visual.ly/what-is-an-infographic

34. Alexei Kapterev, *Death by PowerPoint* [Muerte por PowerPoint], http://www.slideshare.net/thecroaker/death-by-powerpoint

35. Dylan Love, *Steve Job's Favorite Piece of Software Is Now a Cult Hit with Designers* [El software favorito de Steve Jobs ahora es objeto de culto entre los diseñadores], http://www.businessinsider.com/apple-designed-keynote-with-keynote-2012-10

36. prezi.com

37. http://www.crunchbase.com/organization/bunkr

38. Romain Dillet, *Bunkr Is the PowerPoint Killer We've All Been Waiting For* [Bunker es la opción para deshacernos de PowerPoint que estábamos esperando], http://techcrunch.com/2013/08/22/bunkr-is-the-powerpoint-killer-weve-all-been-waiting-for/

39. kivo.com

40. Slidelog.com

41. tweetall.com

42. Freddie Dawson, *How Playing with Kinect Could Lead To The Death Of PowerPoint* [Cómo jugar con Kinect podría ser la muerte de PowerPoint], http://www.forbes.com/sites/freddiedawson/2014/05/30/how-playing-with-kinect-could-lead-to-the-death-of-powerpoint/

CAPÍTULO 4

1. http://dictionary.reference.com/browse/disfluency.

2. National Institute of Mental Health's *Fear/Phobia Statistics* http://www.statisticbrain.com/fear-phobia-statistics/

3. Josh Shosky, *How to Speak Like Churchill* [Cómo hablar como Churchill], http://www.totalpolitics.com/campaigns/4698/how-to-speak-like-churchill.thtml

4. Carmine Gallo, *How Warren Buffett and Joel Osteen Conquered Their Terrifying Fear of Public Speaking* [Cómo Warren Buffet y Joel Osteen dominaron su miedo aterrador a hablar en público], http://www.forbes.com/sites/carminegallo/2013/05/16/how-warren-buffett-and-joel-osteen-conquered-their-terrifying-fear-of-public-speaking/

5. Richard Branson, *Art of Public Speaking* [El arte de hablar en público], http://www.entrepreneur.com/article/225627

6. History Central, «Quick Facts About Eleanor Roosevelt», [Central de la Historia, «Breve listado de hechos sobre Eleanor Roosevelt»], http://www.historycentral.com/ladies/ae_roosevelt.html

7. TJ Walker, *Conquer Public Speaking Fears the Jay Leno Way* [Domina los miedos de hablar en público a la manera de Jay Leno], http://www.tjwalker.com/2013/10/22/conquer-public-speaking-fears-the-jay-leno-way-fear-of-public-speaking/

8. Carmine Gallo, *How Warren Buffett and Joel Osteen Conquered Their Terrifying Fear of Public Speaking* [Cómo Warren Buffet y Joel Osteen dominaron el miedo aterrador a hablar en público], http://www.forbes.com/sites/carminegallo/2013/05/16/how-warren-buffett-and-joel-osteen-conquered-their-terrifying-fear-of-public-speaking/

9. Bradford Evans, *The Pre-Show Rituals of Comedians Just Before They Go on Stage* [Los rituales de los cómicos justo antes de salir al escenario], http://splitsider.com/2012/09/the-pre-show-rituals-of-comedians-just-before-they-go-on-stage/

SOBRE LOS AUTORES

KENNY NGUYEN es el fundador y CEO de Big Fish Presentations, una empresa cuyo mantra es «convertir las presentaciones en experiencias». Kenny y su equipo trabajan a diario con clientes de todo Estados Unidos, desde *startups* hasta empresas de la lista Fortune 100, ofreciendo diseño de presentaciones de alta calidad, formación sobre cómo presentar y producción de vídeo creativo. En 2012, Kenny fue nombrado el CEO Estudiante Emprendedor del Año por Collegiate Enterpreneurs Organization (CEO). Bajo su liderazgo, la Kairos Society reconoció a Big Fish Presentations como una de las 50 *startups* lideradas por estudiantes más importantes del mundo y la revista *Inc. Magazine*, a su vez, la incluyó entre sus «Startups universitarias más chulas de 2012». Kenny ha aparecido en conocidos medios de comunicación como *Forbes, Entrepreneur Magazine, Yahoo, Business Insider, Mashable,* el *Huffington Post* y el *Washington Post.* Ha dado charlas en TEDxLSU y HubSpot Inbound y ha impartido talleres sobre cómo hacer presentaciones en General Assembly. Kenny es comisario de 99u Baton Rouge y miembro de AIGA Nueva Orleans, así como presentador del canal en línea de cocina *You've Got Meal.* A Kenny le apasiona contribuir a que su ciudad, Baton Rouge, se convierta en un centro neurálgico de talento creativo en el Sur. Su sueño es tener un perro de la raza Corgi algún día.

GUS MURILLO es el cofundador, presidente y director de operaciones de Big Fish Presentations. Desde que él y Kenny asistieron juntos a la «peor presentación a la que habían ido nunca», han estado colaborando para librar al mundo de ese tipo de experiencias. Su trabajo en Big Fish incluye la producción y dirección de vídeos comerciales. Antes de graduarse en Ciencias Biológicas en la Universidad del Estado de Louisiana, fue reconocido como un miembro Kairos 50 por su innovadora *startup* universitaria y se le concedió un galardón por ello en la Bolsa de Nueva York.

 **ROBERT KILLEN** es el redactor principal y director creativo de Big Fish Presentations. Lleva toda la vida escribiendo historias cortas y guiones falsos de televisión que nunca verán la luz del día, diarios que es mejor no enseñar y publicaciones de blog para consumo del público en general. Ahora bien, este es su primer libro. Tiene una licenciatura en Comunicación de Masas por la Universidad del Estado de Louisiana y fue presidente del Comité Estudiantil de Sensibilización de la American Advertising Federation —la federación estadounidense de publicidad— de Baton Rouge, y coordinador de marketing de 99u Local: Baton Rouge.

 **LUKE JONES** se distingue por haber sido el primer redactor de Big Fish Presentations. Ahora es redactor asociado en DEVENEY Communication. Emprendedor por naturaleza, Luke ya montó una empresa de camisetas y un periódico de barrio en su juventud. Ha trabajado en estudios de producción, empresas dedicadas al diseño y agencias de publicidad. Además posee una licenciatura en Comunicación de Masas por la Universidad del Estado de Louisiana. Le encantan las palabras, las películas, beber Cream Soda y su schnauzer enano, *Albus*, aunque no necesariamente en este orden.

BIGFISH
PRESENTATIONS

Visítanos en:

 Bigfishpresentations.com   facebook.com/bigfishpresco/    youtube.com/user/BigFishpresentations

@BigFishPresCo   slideshare.net/bigfishpresentations   prezi.com/user/bigfishpresentations/prezis/

LinkedIn linkedin.com/company/big-fish-presentations